撕裂 增訂版

Hong Kong
Torn Apart

Relaunch

香港 再出發

U0118214

施芷珊 著

2019 年 11 月
希望香港早日康復 //

2020 年 11 月
希望香港早日康復，及重新出發 //

序

當你看到是選擇性的譴責，還有選擇性的報導。氣憤還是氣憤！我仍然堅持真相只會越辯越明，而當辯論前應有理據，否則只是街頭吵架。自反修例風波開始，我心內出現最多一詞 ——「為什麼？」，「為什麼示威者要破壞立法會？」、「為什麼有市民被私了？」、「為什麼政府好像沒有辦法止暴制亂？」…… 太多疑問、悲憤、無奈藏在心裏多個月。有朋友因為香港情況抑鬱症加劇；有朋友因為家人政見不合，退群不相見；有朋友把孩子送到外國讀書， 說怕了香港教育。

有人說自己是「中立」？什麼是「中立」？中立就是不偏幫任何一方或不給意見。我相信很多人也誤會「中立」之意，不偏幫任何一方只能說是「中間」。「君子和而不流，中立而不倚」，「中立」是君子應有態度，是應該站在正道對待事情。

對反修例風波這場運動，心情是複雜的，亦不得不承認我是感到非常失望。對示威者，我所期望的是這場民主運動中，參與者應是有理念的，清楚知道所追求的，特別在論述方面。但當我看過不少街坊、學生和青年，你大叫五大訴求，卻也說不出五大訴求的論點。「什麼是民主？」「什麼是真普選？」當全香港有人在示威，其實也同時有人在受苦，我們可能犧牲了很多重要的事情。

如果你是一個喜歡即食文化，或只想接受自己相信的事。當你看完這本撰作，從不同篇章找出論點，去看待這場反修例運動，或許你會有另一番體會。

2019年11月
施芷珊

▶ ▶ 時序表 ▶

> 這場活動在 2018 年 2 月已經拉開了序幕，這個時序表讓大家回顧一次，原來一切源自⋯⋯

2018 ▶▶▶

2 month
2018 年 2 月 17 日
香港男子陳同佳在台灣殺害同行女友、香港女子潘曉穎及其腹中胎兒。

3 month
2018 年 3 月 13 日
台灣警方尋獲潘曉穎遺體，陳同佳同日在香港以涉嫌盜用潘曉穎信用卡，而被警方拘捕及落案起訴。

12 month
2018 年 12 月 3 日
台灣士林地檢署正式通緝陳同佳。

2019 ▶▶▶

2 month
2019 年 2 月 12 日
保安局提出修訂《逃犯條例》，建議採用「一次性個案方式」，處理移交逃犯的要求。

2019 年 2 月 13 日
特區政府正式宣布修訂《逃犯條例》和《刑事事宜相互法律協助條例》。

3 month
2019 年 3 月 4 日
香港大律師公會發聲明反對修法。

2019 年 3 月 26 日
保安局局長李家超公布《逃犯條例》修訂，剔除由 1 年到 7 年，共 9 項罪行。

2019 年 3 月 31 日
泛民發起首次反對逃犯條例修訂遊行，大會指有 1.2 萬人參加，警方估計高峰期有 5200 人參加。

4 month
2019 年 4 月 1 日
香港特別行政區行政長官林鄭月娥回應指修例由行政會議通過，已經刊憲，並送交立法會審議。

2019 年 4 月 3 日
《逃犯條例》修訂立法會首讀通過，並展開二讀，林鄭月娥聲稱條例是為了填補香港法律的缺陷和漏洞。

2019 年 4 月 28 日
民陣發起「反送中，抗惡法」遊行，大會指有 13 萬人參加，警方指最高峰有 2.28 萬人。

5 month
2019 年 5 月 9 日
台「陸委會」表示，不會在《逃犯條例》修法的前提下與港府協商。

2019 年 5 月 17 日
中聯辦主任王志民與港區人大政協會面，表示中央堅決支持香港政府依法修例。

2019 年 5 月 21 日
林鄭重申政府有決心修例。本土民主前線前召集人黃台仰，出走德國與李東昇尋求德國政治庇護。

2020 年 8 月 23 日
12 名港人懷疑在潛逃台灣中途，被內地海警截獲，並以涉嫌非法入境（偷越國境罪）拘捕。12 人中，大部分在香港被控不同刑事罪行，正保釋候審，11 人遭香港法庭頒令不准離港，當中 10 人被通緝。

2020 年 8 月 31 日
教育局局長楊潤雄指香港從來都沒有實行過三權分立制度，強調「這些事實必須清楚在教科書中說出」，稱教科書修訂只是陳述事實。

 2020 年 9 月 10 日
警方拘捕 15 人，指他們透過 WhatsApp 群組聯合推股，合共買賣壹傳媒股票逾 13,200 次，涉嫌舞高弄低股價，從高位獲利，串謀詐騙及洗黑錢。被捕的 14 男 1 女，年齡介乎 22 至 53 歲，其中一人有三合會背景。

2020 年 9 月 11 日
陳彥霖死亡事件經過 11 日聆訊、傳召 32 位證人後，裁判官排除了「非法被殺」與「自殺」裁決，陪審團最終一致裁定陳彥霖死因存疑。

2020 年 9 月 22 日
警察公共關係科向四個新聞組織發信，表示會修訂《警察通例》下「傳媒代表」的定義，只認可登記「政府新聞處新聞發布系統（GNMIS）」的傳媒機構，以及「國際認可及知名」的非本地新聞通訊社、報章、雜誌、電台和電視廣播機構。原本獲警方承認的記協會員證和攝記協會員證，不再被認可。

 2020 年 10 月 1 日
國慶日及中秋節，網民發起多區示威，多間店舖、商場落閘關門。警方拘捕至少 69 人，涉嫌參與未經批准集結等，被捕人士包括 2 名區議員。

2020 年 10 月 6 日
台灣殺人案死者潘曉穎母親接受傳媒訪問時提到，一直希望為女兒討回公道，希望陳同佳可以到台灣自首。

2020 年 10 月 8 日
台灣陸委會發言人邱垂正表示，陳同佳可到台灣駐港辦事處遞件申請赴台簽證，台方會依法處理，但台灣至當日沒收到相關申請。

2020 年 10 月 11 日
警方拘捕 9 名懷疑協助 12 名港人偷渡的疑犯，其中鍾雪瑩涉及 2019 年 12 月反修例的大埔翠屏商場開槍案，涉嫌「無牌管有槍械或彈藥」被捕。

2020 年 10 月 12 日
管浩鳴牧師向傳媒轉發「理律法律事務所」消息，謂已經接受陳同佳委任，擔任陳在台灣接受刑事偵查程序的辯護人。台灣士林地方檢察署表示，已接獲受陳同佳委任 3 名律師的委任狀。

2020 年 10 月 15 日
無線新聞及商業電台引述消息報導，台灣當局已拒絕接受陳同佳以及協助陳同佳的管浩鳴牧師赴台入境簽證申請，意味陳、管兩人均無法自行赴台。潘曉穎的父母發出致陸委會的公開信，希望台灣當局簡化程序，與港府放下歧見，盡快讓陳同佳赴台投案。

＊資料更新至 2020 年 10 月 15 日

目錄

第 1 章

從「雨傘運動到「反修

動」
例運動」

　　由特區政府宣布修訂《逃犯條例》，2019 年 6 月香港爆發連串大規模示威抗議，這場「反修例運動」風波是自「雨傘運動」五年後再一次掀起民憤的風暴，雨傘運動被視為「公民抗命」，甚至是一場聲稱和平、理性及非暴力（「和理非」）的運動；但反修例運動由一批「勇武派」在沒有任何組織、「大台」的帶領和呼籲下，發起不同抗議活動，統一穿黑衣，並戴上口罩、面罩，拆毀街上的欄杆、地磚、燈柱，製造汽油彈、汽槍等來縱火。這班示威者甚至形容反修例運動如同烏克蘭之戰的翻版，究竟最終能取得怎樣的結局？又會否換來沉重的代價？

撕裂香港 增訂版

「公民抗命」

一場和平理性
及非暴力抗議

　　2014 年雨傘運動開展了一場視為「公民抗命」、「違法達義」的運動；五年後的反修例運動被視為雨傘運動，有人指肆意破壞的行為是違法，但示威者口中卻指是「和平、理性、非暴力」？

何謂公民抗命

　　公民抗命的概念，最初由美國民權思想家梭羅在 19 世紀中期提出，期後不停演變，是指一些公民認為現行法律或政策不合理和不公義，故採取不支持、非暴力，甚至抵制的方法引起群眾注意，但可能因而會干擾他人的權利和自由，是故意觸犯法律來表達對不合理法律的不滿，並願意接受法律制裁，爭取其他公民的支持，從而迫使政府修訂或廢除有關法例。

香港歷史上最大型的「公民抗命」運動？

　　2013 年 1 月，香港大學法律系副教授戴耀廷發表了《公民抗命的最大殺傷力武器》一文，提出以違法佔領中環交通要道的公民抗命方式爭取真普選，聯同社會學者陳健民和牧師朱耀明共同成為佔領行動發起人。

朱耀明　　　　　　　戴耀廷　　　　　　　陳健民
Rev. Chu Yiu-ming　　Benny Tai Yiu-ting　　Chan Kin-man

　　2014 年 8 月 31 日，中國全國人民代表大會常務委員會通過「831 決定」，規定 2016 年香港立法會選舉辦法不准修改，必須沿用 2012 年香港立法會選舉模式，激發泛民政黨及市民強烈不滿。

　　2014 年 9 月 26 日，由學生領袖黃之鋒、周永康和羅冠聰發起衝入政府總部東翼迴旋處公民廣場，靜坐抗議。隨後，由戴耀廷、陳健民、朱耀明等 9 人發起的「佔領中環」行動展開，聲稱是一場和平、理性及非暴力的運動。

數以萬計市民佔據政府總部金鐘干諾道中路段，直至傍晚，警方在金鐘向示威者施放了 87 枚催淚彈，引發民憤，激發更多人上街，由原本的佔領中環逐步擴至金鐘、銅鑼灣、旺角、尖沙咀等地，終演變成雨傘運動。

2014 年至 12 月 15 日，雨傘運動結束，持續 79 日。清場後，添美道行人路上仍有人繼續設帳蓬佔領，直至政改被否決。最終有 955 人被捕，另有 75 人自首。

2018 年 11 月 19 日，「佔中 9 人案」在西九龍裁判法院開庭審理。除戴耀廷、陳健民、朱耀明外，其餘 6 人為立法會議員邵家臻、陳淑莊、社會民主連線副主席黃浩銘、民主黨前主席李永達前學運領袖張秀賢、鍾耀華。2019 年 4 月 9 日，西九龍裁判法院法官裁定 9 名被告全部罪成，法官陳仲衡在判決戴耀廷一案中明確指出：「不論被告是否主張公民抗命，或是因發動公民抗命而被起訴，公民抗命均不是抗辯理由！」，戴耀廷、陳健民及朱耀明的「串謀公眾妨擾」罪名成立，戴耀廷及陳健民另一項「煽惑他人公眾妨擾」也罪名成立；其餘 6 人分別被控「煽惑他人公眾妨擾」或「煽惑他人煽惑公眾妨擾」。

從「和理非」到「勇武」?

　　2014 年為爭取真普選而來的雨傘運動,是一場聲稱和平、理性及非暴力的運動;但 5 年後,以「五大訴求,缺一不可」為口號的反修例運動中,示威者數以萬計,暴力化不斷升級,被喻為從「和理非」到「勇武派」。反修例運動已無人再提起「公民抗命」,究竟當中兩場運動有甚麼差別?

　　雨傘運動示威者主要是佔領政府總部外的主要道路及油尖旺一帶,而警方亦無多次出動催淚彈,大多是使用警棍和胡椒噴霧。期間,一批人數不多的激進示威者把行動升級,沒有大量裝備,只設置路障,亦無統一穿黑衣。雨傘運動中有「佔中三子」及學運領袖作為「大台」,政府能與學生代表對話,雖在對話中雙方各自表述,政府寸步不讓,學生最終亦拒絕繼續談判。

　　相反,反修例運動這班「勇武派」有大量裝備,統一穿黑衣,並戴上口罩、面罩,可純熟拆毀街上的設施,包括欄杆、地磚、燈柱製作路障,更會製造武器,如汽油彈、汽槍等來縱火。反修例運動中雖稱無「大台」,以示威者透過網上討論區

以及加密通訊軟件 Telegram 自發組織抗議活動，連儂牆及抗議活動遍地開花，甚至組成「民間記者會」，這等舉動令政府難以尋找談判對象。但有多方資料顯示，反修例運動背後是外國勢力介入。而外交部駐港公署特派員謝鋒，亦曾譴責外國勢力干預香港事務，促外國勢力收回黑手、停止玩火，停止干預香港事務和中國內政。

2014 雨傘運動

無統一衣服

設置路障

佔領政府總部外的主要道路

佔領油尖旺一帶

有大台

2019 反修例運動

統一穿黑衣，並戴上口罩、面罩

拆毀街上設施製作路障，製造武器，如汽油彈、汽槍等來縱火

Telegram 自發組織

連儂牆及抗議活動遍地開花

反修例運動成烏克蘭之戰翻版？

2015 年烏克蘭紀錄片《Winter on Fire: Ukraine's Fight for Freedom》(凜冬烈火：烏克蘭自由之戰)，在反修例運動深受注目，甚至有港人將香港比喻為受俄羅斯壓迫的烏克蘭，更聲稱如同預示着整場運動的最終發展。有市民更在香港各區播放有關紀錄片，吸引了超過百餘名市民觀看。但是，港人最終能取得烏克蘭式的勝利嗎？反修例運動又是否烏克蘭之戰的翻版呢？

紀錄片紀錄 2013 年末至 2014 年初在東歐烏克蘭發生的「廣場革命」，烏克蘭人渴望國家自脫離蘇聯獨立後，能夠正式加入歐盟，時任烏克蘭總統的亞努科維奇拒絕與歐盟簽訂協議，引發大量民眾上街示威，以年輕人為主。為了阻止民眾的示威活動，烏克蘭政府更推出許多禁止示威的法案，甚至授權軍力及警力開始使用暴力驅逐。直至 2014 年 2 月，亞努科維奇出逃，近 2000 人受傷、125 人死亡。

五年過後，烏克蘭局勢未有起色，經濟甚至進一步惡化，而烏克蘭人均 GDP 在 2018 年更淪為全歐洲最窮國家。烏克蘭前總統波羅申科當時曾承諾，結束與俄羅斯之間的頓巴斯戰

爭，並會恢復烏克蘭經濟；然而頓巴斯戰爭至今仍未結束。單是 2014 年 GDP 由 1335 億美元，一年間跌至 2015 年 910 億美元，而人均收入亦由 2014 年的 3560 美元，下跌至 2650 美元，超過 500 萬人失業。到 2018 年，烏克蘭相對 5 年前，更失去了 20% 的工業生產能力，而烏克蘭之戰前 8 格里夫納（烏克蘭貨幣單位）可兌換 1 美元，現在要 25 格里夫納可兌換 1 美元。

歐美國家的蒙面法

歐美國家如法國、烏克蘭、加拿大等都有禁蒙面法例，當中有成功，也有失敗，烏克蘭最終在禁蒙面法通過的 12 日後被國會通過撤回，但亦有多年仍通行的禁蒙面法國家。

■法國

法國禁蒙面法早在 2010 年通過、2011 年生效，禁止示威遊行者在有違公共秩序風險的時候刻意蒙面以避免身分被認出，最重罰 1500 歐元。針對 2018 年法國爆發的「黃背心」運動，2019 年 4 月，法國進一步「加辣」，實施《反破壞者法案》，針對公開遊行期間或結束後、公共秩序混亂的情況下，沒有合

理動機而刻意隱藏全臉或部分臉孔者，可處以一年有期徒刑和 1 萬 5 千歐元罰金。

■烏克蘭

時任總統亞努科維奇在 2013 年 11 月，拒絕與歐盟簽署自由貿易協議，惹起民眾不滿，數以十萬計的烏克蘭民眾上街示威表達不滿。烏克蘭政府在 2014 年 1 月，通過多項針對示威活動的法律，包括禁止示威者戴面罩及頭盔等，違法可被行政拘留最多 15 天或罰款 1275 美元。烏克蘭推出多項針對示威活動的法律後，更激起民憤，無懼禁蒙面法，戴上頭盔及面罩在多個城市上街。最終在禁蒙面法通過的 12 日後被國會通過撤回，而時任總理阿扎羅夫亦辭職。

■加拿大

加拿大於 2013 年開始推行禁蒙面法，在示威行動中，參與暴動時蒙面的違例者，可被處 10 年監禁；而參與非法集結時蒙面的違例者，最高則可被判監 6 個月或罰款 5000 美元。如因宗教或者健康理由，則可獲豁免。

外國禁蒙面法		
法國	**烏克蘭**	**加拿大**
生效 2011 年	2014 年	2013 年
刑罰 一年有期徒刑 和罰款 1 萬 5 千歐元 （約 10 萬 5 千港元）	行政拘留最多 15 天或 罰款 1275 美元 （約 1 萬港元）	判監 6 個月 或罰款 5000 美元 （約 3 萬 9 千港元）

總結

　　有人指反修例運動為「暴力就是暴力，違法就是違法」，不應以抗爭為藉口去掩飾暴力或破壞，完全稱不上是「公民抗命」。雨傘運動用了 79 日告終，有抗爭者被捕，甚至判刑；而反修例運動這場風波無論以甚麼形式告終，都會成為歷史上重要的一節，令社會帶來撕裂，陷入政治對立漩渦。

政府宣布訂立禁蒙面法

2019年10月4日 新聞稿部份內容折錄：

行政長官林鄭月娥宣布，政府決定引用《緊急情況規例條例》，訂立《禁止蒙面規例》，以阻嚇激進違法行為，並協助警方執法。規例於 2019 年 10 月 4 日刊憲，翌日零時零分生效。特首表示，暴力不單對香港造成破壞，也把青年人置於非常危險的境地，政府必須盡一切努力，立即遏止暴力，以免學生繼續以身試法，從而挽救香港的現在和未來。

特首指，鑑於近日社會已出現危害公共安全的情況，政府不能對現行法例備而不用，任由暴力升級和情況繼續惡化。政府相信，制訂反蒙面法能有效阻嚇激進違法行為，並有助警方執法。

她強調，引用《緊急情況規例條例》訂立《禁止蒙面規例》，並不等於香港已進入緊急狀態。香港目前已出現危害公安的情況，這符合引用條例的要求。

政府宣布訂立禁蒙面法

禁止蒙面規例

資料來源：政府新聞處

法例拆解 Q&A

Q：在《緊急情況規例條例》訂立的條例《禁止蒙面規例》下使用蒙面物品？

A：根據《禁止蒙面規例》，禁止在集會、遊行、示威，包括非法集結、未經批准集結、已獲得不反對通知書的集會或遊行中，使用蒙面物品，包括面罩、其他遮掩全部或部分面部的物品、顏料，阻止識辨身分。違法者可判處監禁一年或罰款港幣 25000 元。以下情況可獲豁免，包括正在從事某專業或受僱工作，需要保護人身安全；因宗教理由或先前已存在的醫學或健康理由使用蒙面物品。條文亦賦予警察權力截停在公眾地方蒙面的市民，並要求該人除去蒙面物品，或在該人拒絕下除去該人的蒙面物品，以確認身分。如該人拒絕除去蒙面物品，即屬犯罪，可處監禁六個月或罰款港幣 10000 元。

Q：何謂非法集結？

A：根據《公安條例》第 18 條，非法集結定義為，(1)：凡有 3 人或多於 3 人集結在一起；(2)：作出擾亂秩序的行為或作出帶有威嚇性、侮辱性或挑撥性的行為；(3)：意圖導致或相當可能導致任何人合理地害怕如此集結的人會破壞社會安寧，或害怕他們會藉以上的行為激使其他人破壞社會安寧，即屬非法集結。

Q：何謂暴動罪？

A：根據《公安條例》第 19 條「暴動」，即是指任何參與被定為非法集結的人，破壞社會安寧，該集結即屬暴動，而集結的人即屬集結暴動，而被定罪的人，最高可判入獄 10 年。

小知識

甘地與馬丁路德金所領導的不合作運動,分別為印度從英國殖民政府解放和為美國黑人中止種族歧視,是公民不合作非暴力抗爭成功的著名例子。

甘地:食鹽長征

食鹽長征發生於 1930 年,源於殖民印度的英國政府制定了

《食鹽專營法》,控制食鹽生產、銷售,同時禁止市民私自製鹽,從而提高食鹽價格與稅收。聖雄甘地與其支持者徒步抗議,走路 24 天,約 390 公里,走向海邊並沿途向人民宣傳自製食鹽。人民自製食鹽的行為,令甘地及數以千計人士被捕,但拘捕行動

未有嚇怕群眾,於 1930 年底,約有 6 萬人被捕入獄。甘地於 1931 年 1 月被釋放,與英國殖民政府商討停止不合作運動,4 月正式廢除《食鹽專營法》。

馬丁路德金:「我有一個夢想」對抗種族歧視

1862 年,美國總統林肯頒佈《解放黑人奴隸的宣言》,惟 100 年後,美國黑人仍未獲得平等和自由。美國黑人牧師馬丁路德金在 1963 年,與林登貝恩斯約翰遜總統見面,要求通過新的民權法,給予黑人平等

我有一個夢想

權利。1963 年 4 月初,馬丁路德金帶領支持者,透過遊行、請願、靜坐等示威活動,要求消除黑人在商店、餐廳、學校和就業等種族歧視,但行動遭到地方警察當局的鎮壓。1963 年 8 月 28 日,美國群眾開始了「為工作和自由向華盛頓的進軍」,來自美國 50 個州的 20 多萬黑人以及白人到林肯紀念堂高叫「立即自由」等口號,馬丁路德金向示威群眾發表了《我有一個夢想》的演說,把黑人運動推向了一個新階段。1968 年 4 月,馬丁路德金前往孟菲斯市,領導工人罷工後,被人刺殺。

❓ 思考

1. 你認為反修例運動是公民抗命一例嗎?
2. 你認為香港應實施禁蒙面法嗎?

第 2 章

由捷克
香港人的

連儂牆到連儂隧道

2014 年 10 月港人參考捷克連儂牆用於雨傘運動，將寫下「我要真普選」訴求的 Memo 紙貼在夏慤道政府總部外一幅外牆上，成了「港版連儂牆」。2019 年 6 月，反修例運動令港版連儂牆重現政府總部外牆，於各區遍地開花，更出現多條「連儂隧道」。但第二代港版連儂牆的出現，爭議聲音不斷，有指連儂牆只成了示威者發洩之地，更曾張貼警員照片及個人資料，亦不容持相反意見人士表達，有支持修例人上撕下 Memo 紙被圍攻。究竟於各區設置連儂牆、在連儂牆張貼或撕毀標貼，甚至在牆上洩露警員個人資料是否違法？

撕裂香港 增訂版

連儂牆之精髓

除了自由表達
還有打壓力量

連儂牆這種表達訴求的方式，在反修例運動中是相對和平，令不少持中立意見的群眾較易接受，亦令民眾在和平方式下了解相關議題。捷克連儂牆主張和平理性地表達意見，持不同意見的人士均可在牆上塗鴉，但港版連儂牆卻被批評為一言堂，是否已損害發揮連儂牆的本意？

兩代港版連儂牆

2014 年 10 月至 12 月

第一代港版連儂牆：雨傘運動期間出現的連儂牆，示威者用 Memo 紙寫下「我要真普選」訴求，位於夏慤道政府總部外一幅牆及樓梯，約三個月後在警方清場時被清理。

2019 年 6 月開始

第二代港版連儂牆：反修例運動出現的連儂牆，示威者以黑膠紙貼上「連儂牆」三個字，就陸續有示威者貼上 Memo 紙，並寫上「香港加油」等字句。除第一代夏慤道政府總部外的原址，更遍地開花，全港各區均有連儂牆，更出現多條「連儂隧道」。

第二代港版連儂牆成一言堂？
示威者宣泄之地？

　　港版連儂牆散落各區，有反對於公眾地方張貼標語的人士自發清潔香港行動，撕下連儂牆抗議標語，引來示威者護牆，繼而引起大大小小的衝突，曾有人貼上撐警標貼，遮蓋原有標題，引來不滿，雙方爆衝突，甚至因政見不同而發生意外。

　　「你有權貼文宣上去，我都有權撕下來。」育有兩名女兒

的陳太(化名)曾與丈夫在沙田新城市廣場的連儂牆，撕走示威者的文宣，但隨即遭人拍攝，甚至不斷用粗言穢語謾罵，但她指，「每個人都有權表達，而且幅牆不是單純屬於一個人。」，並不擔心會被起底，「只是希望政見不同都可以發聲。」

連儂牆亦同時成了示威者發洩之地。2019年7月10日九龍區遊行後，有市民嘗試佔領彌敦道，警方當晚清場時言行惹爭議，其後有警員被「起底」，在大埔墟「連儂隧道」大肆張貼有關該名警員照片及個人資料。隨後警方封鎖「連儂隧道」，並撕去載有警察個人資料的便條紙。

有示威者更利用連儂牆地點的地面位置大規模貼上目標人物的頭像，何君堯發起「清潔香港行動」傳出後，有示威者在朗屏站對開的行人天橋地面通道，逐張貼上印有何君堯樣貌的黑白A4紙，貼滿近900張；而天橋柱躉亦同樣滿佈總數近千張相關紙張。

有示威者將林鄭月娥以及親北京建制派議員的照片貼在地面上當作地毯，更把一雙拖鞋用繩子綁在連儂牆上，投擲地上的照片。

捷克連儂牆代表自由，那港版連儂牆又是否能真正仿傚？

連儂牆原址位於捷克布拉格，1988 年群眾不滿胡薩克共產主義政權，在布拉格修道院大廣場的一面牆噴上反抗標語，當中包括被視為反戰、追求和平文化象徵的 John Lennon(約翰連儂) 的肖像及披頭四樂隊歌詞，其後事件發展成學生與警察的衝突，參與者更被稱為「連儂主義者」。

連儂牆有一個不明文規定，就是只要你有顏料或噴漆在手，無論你是市民抑或是遊客，都可以直接在塗鴉表面畫上你的創作。2014 年就有行為藝術家把整面牆噴成全白，連儂牆除了代表自由的聲音，更有一種反擊意味，當中的畫作並不會永久留跡，所以連儂牆的模樣每日都在不停轉變。

反觀港版連儂牆，不是以塗鴉的方式去表達，而是以 Memo 紙和海報畫作鋪天蓋地貼上，當貼滿後都會用包書膠封着，除保護 Memo 紙和海報外，更疑是有意不讓別人再貼上其他訊息。訊息主要由反逃犯條例修訂的示威者為主，但就有示威者利用港版連儂牆把侮辱警方言論、圖片，以及一些警員的個人資料貼上。有市民主動清理或阻止連儂牆，或在「連儂牆」上貼上支持警方的標語，卻因而發生多次衝突，故港版連儂牆被指聲音一面倒，而非雙方和平表達意見。

	港版連儂牆	捷克連儂牆
起源	2014 年 10 月時港人參考捷克連儂牆，寫下「我要真普選」訴求的 Memo 紙貼在夏愨道政府總部外一幅外牆上，這外牆最後成了「港版連儂牆」。	捷克 1988 年群眾不滿當時政權，在布拉格修道院大廣場的一面牆噴上反抗標語，當中包括被視為反戰、追求和平文化象徵的 John Lennon(約翰連儂) 的肖像及披頭四樂隊歌詞。
展示方法	以 Memo 紙和海報畫貼上，當貼滿後用包書膠封着以保護 Memo 紙和海報，不讓別人貼上其他異見訊息。	可以不管前者塗鴉，直接在前人的塗鴉表面畫上新創作，連儂牆的模樣每日在轉變。
連儂牆上內容	訊息主要由反逃犯條例修訂的示威者為丰，包括侮辱警方言論、圖片，以及一些警員的個人資料貼上。	各式各樣都有，但以反戰、追求和平之類信息為主，但不會涉及私隱洩漏或仇恨言論。

連儂牆遍地開花至外地造成衝突

■台灣

　　台灣多間大學學生為支持香港反修例運動，在校園內設置連儂牆，但卻引發兩岸三地學生的衝突與對立。在台北，東吳大學連儂牆遭到撕毀，聲援者則以「撕一貼百」回應；位於高雄的義守大學港生於宿舍張貼聲援反修例便利貼，上前撕毀並向對方辱罵；而中國文化大學的連儂牆遭到撕毀，更發生肢體衝突。

■加拿大

　　十月一國慶日香港因反修例運動而造成騷動，而眾多華人聚居的加拿大西岸列治文市亦有衝突事件。當日，有支持香港反修例示威的人士於在列治文市一個商場的外牆設立了連儂牆，讓人張貼訴求，但突然有數名操普通話的年輕人到場，撕走牆上的便利貼及單張，其後又有操廣東話的人士用粗口向他們高聲責罵，雙方發生輕微推撞。最終，需要軍裝警員到場從中調停。

■ 澳洲

　　有香港留學生在澳洲昆士蘭大學校園內，設連儂牆予其他學生表達反對修訂《逃犯條例》的意見，但遭二百名內地生包圍，貼上「香港屬於中國」字句，又以粗口辱罵，雙方推撞。其後，連儂牆亦多次受到破壞，有份協助籌辦示威活動的港生稱事後在網上遭恐嚇。

總結

　　港版連儂牆被指一言堂，未能做到捷克連儂牆的自由打壓，最終釀成不少衝突，更逐步演化成店舖、商場連儂牆，甚至是校園連儂牆。這種遍地開花的現象，在自由表達與撕貼、意見與爭論之間，究竟又應該如何平衡呢？帶有政治意味的港版連儂牆又是否應進入校園？這等問題都是反修例運動值得深思的議題，才能帶領年輕一代以溫和方式走下去。

法例拆解 Q&A

Q：設置連儂牆或貼上 Memo 紙及海報是否違法？

A：根據第 132 章《公眾衛生及市政條例》104A. 禁止未經准許而展示招貼或海報，在下列地方不得展示或張貼招貼或海報，包括私人土地，除非獲得該土地的擁有人或佔用人書面准許；政府土地，除非獲得主管當局書面准許。任何人在違反第 (1) 款下展示或張貼招貼或海報，即屬犯罪。

根據《遊樂場地規例》第 15 條，除非獲得康樂及文化事務署署長書面准許，並且符合署長所施加的條件，否則任何人不得在遊樂場地內派發任何招貼、標語牌或告示，亦不得在遊樂場地內的任何樹木或植物上或任何建築物、障礙物、欄杆、座椅或任何其他豎設物或裝飾物的任何部分張貼任何招貼、標語牌或告示。違反有關規例的人士，一經定罪，最高可被判罰款港幣二千元及監禁十四天。

Q：在連儂牆上貼上有關警員個人資料是否違法？

A：《私隱條例》第 64(1) 條規定，在未經資料使用者同意下，任何人出於以下意圖披露取自該資料使用者的某資料當事人的任何個人資料，即屬犯罪：包括以獲取金錢上或其他財產上得益，不論是為了令該人或另一人受惠；或導致該資料當事人蒙受金錢上或其他財產上損失，最高刑罰是罰款港幣一百萬元及監禁五年。

《私隱條例》第 64(2) 條規定，在未經資料使用者同意下，如任何人披露取自該資料使用者的某資料當事人的任何個人資料，而該項披露導致該資料當事人蒙受心理傷害，不論其意圖如何，該人亦屬犯罪 ，最高刑罰是罰款港幣一百萬元及監禁五年。

Q：普通市民將連儂牆上的 Memo 紙或海報撕毀是否合法？

A：根據法例第 200 章《刑事罪行條例》第 60 條摧毀或損壞財產，任何人無合法辯解而摧毀，或損壞屬於他人的財產，意圖摧毀或損壞該財產，或罔顧該財產是否會被摧毀或損壞，即屬犯罪。意圖藉摧毀或損壞財產以危害他人生命，或罔顧他人生命是否會因而受到危害，即屬犯罪。

小知識

中國第一張大字報出現於 1966 年，其後興起民主牆，於中國文化大革命時期的大字報大多有關政治或抒情文章。直至 1989 年，不少中國大學的學生在其學校的民主牆上掛上大字報以表達追求自由和民主訴求。在香港，各大學均設有民主牆，讓學生、教職員發表個人意見，但過往本港大學的民主牆就發生了多次爭議。

香港教育大學涼薄大字報

2017 年 9 月 7 日，教育局副局長蔡若蓮長子離世，消息於中午過後傳出，在同日下午，香港教育大學位於大埔校舍的民主牆被發現貼上印有「恭喜蔡匪若蓮之子魂歸西天」的大字報，由 12 張 A4 白紙打印組成，隨即經傳媒報導惹起社會各界關注，至黃昏被校方移除。隨後，閉路電視截圖被傳媒刊登，疑似奚落大字報的兩名青年容貌曝光，教大學生會質疑校方故意公開截圖，對校方表達強烈不滿並要求校方道歉。教大在事件發生三個月後證實張貼譏諷蔡若蓮喪子大字報的人士均為教大校內學生。

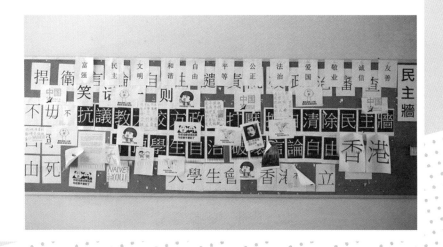

香港理工大學干預民主牆

2018 年 9 月 24 日，香港理工大學學生會仿效雨傘運動的連儂牆，將民主牆約一半空間改成「連儂牆」，有人貼上「香港獨立！」標語。9 月 26 日，學生會指收到通知，指「連儂牆」及新的民主牆守則不符合校方守則，勒令學生會在 24 小時內把民主牆恢復至本來的模式，否則收回民主牆的管理權。9 月 29 日的凌晨時份，校方強行收回民主牆。10 月 4 日，多名學生前往位於李嘉誠樓的大學辦公室要求交代，阻止兩名高層離去，在混亂中發生碰撞導致多人跌倒。事後，有涉事學生被罰即時退學並終生不被理大錄取，亦有人被罰停學一年或被罰社會服務令。

? 思考

1. 民主牆或連儂牆本意是讓人自由發表意見，你認為是否同樣可撕下其他人的意見？

2. 在言論自由的香港，於民主牆或連儂牆留言時，你認為應否受到限制和束縛嗎？

第 3 章

一場從低抗爭行

至高的
動演變

反修例運動由上街遊行到出現暴力行為，行動不斷升級，示威者從破壞政府部門、警署、衝擊立法會，毀壞公共交通設施、阻礙公共服務、癱瘓香港國際機場，到破壞港鐵站、銀行、食肆和店鋪等，影響到市民生活。在抗爭背後，示威者把這些行為稱為「裝修」，只是想「表達訴求」；但同時招來不少批評，指這些行為只是「純粹的破壞和發洩」。究竟示威自由又是否代表可以為所欲為？

暴力抗爭行動

純粹破壞發洩
阻礙公共服務

示威者的暴力，試圖癱瘓社會運作，有指是為了達到「攬炒」（兩敗俱傷的意思）目的，破壞社會設施，逼既得利益者也要付出代價，如旅遊業、零售業、酒店業、飲食業等。然而，引起社會上強烈的迴響並不代表示威者所爭取的東西一定成功，當行動過於激進或會產生反效果，不但影響民生，甚至模糊了議題焦點，得不償失。

衝擊立法會「天價」維修費

7月1日回歸22周年當日，立法會大樓被示威者嚴重破壞，有示威者以鐵枝及鐵籠車先衝擊立法會議員入口，撞爛多道玻璃門及幕牆，其後更轉戰衝擊立法會公眾入口。入夜後，逾百名示威者撬開大閘衝入大樓，破壞大量設施。立法會行政管理委員會主席梁君彥指，今次復修工程費用達四千萬元。

示威者在當日下午，以手推車衝擊立法會議員入口，玻璃窗破裂。警方一度呼籲立法會外的示威者散去，否則會以武力

驅散，但示威者繼續嘗試用手推車撞向立法會玻璃，最終撞穿，在內警員隨即施放胡椒噴劑。其後，示威者再到立法會正門及示威區，部分人以鐵枝、磚頭等擊破立法會玻璃門。

立法會一度發出紅色警示，暴力衝突對大樓使用者的安全構成即時威脅，所有人必須立即撤離立法會大樓。暴力行為未能制止，有示威者試圖撬開立法會大樓的捲閘，最終成功，部分人衝入立法會內，破壞立法會內的設施，如投影機、圖書館入口的玻璃等，又有人在立法會內的牆身噴字。示威者甚至塗污及破壞立法會歷任主席如梁君彥、范徐麗泰等的畫像，並用噴漆塗黑牆上立法會標誌。

其後，示威者闖入立法會大會議廳，在議員枱上塗鴉，並在主席的座位後噴上抗議口號，試圖用港英旗遮蓋會議廳內的區旗徽號，但不成功，轉而用噴漆塗黑區徽。有示威者在主席台的前方掛上港英旗，所有示威者撤出立法會會議廳。

毀公共設施、阻公共服務、影響民生經濟

反修例運動有多次大型示威遊行，遍佈全港九新界各區，每次示威遊行後，各區的交通燈、路牌、欄杆等公共設施都會遭受到破壞，企圖造成交通混亂及交通癱瘓各區主要道路。數個月內被破壞後再修復，修復後又再破壞，導致路面交通無法正常運作，「人車爭路」的險象經常上演。

多次九龍區大遊後，旺角至尖沙咀一段的彌敦道有多個主要十字路口的交通燈都會遭受破壞，交通燈柱上的電箱打開，電線外露等，令路面嚴重阻塞。運輸署就曾因道路狀況，要暫時封閉交通燈被破壞的道路。

不少行人過路燈及發聲裝置同樣受到損毀，危及過路的傷殘人士；而安全島欄杆被拆去，失明人士亦會因而險直衝馬路，令傷殘人士減少出行。香港失明人協進會會長莊陳有曾在社交網站上呼籲，不要破壞港鐵及交通燈，失明、坐輪椅、行動不便、推着BB車的朋友及長者，都很需要這些設備。他又指，「其實破壞這些設施，與追求運動的目標又有什麼關係呢？結果一些弱勢群體，變成受害者。請各方面的朋友冷靜，顧及別人。」

除造成交通癱瘓，過百名反送中示威者更曾阻公共服務影響民生經濟。有示威者到灣仔告士打道稅務大樓「交稅」及「接公務員下班」。示威者進入稅務大樓後，到管理處喚職員下班，再欲到一樓的稅務局交稅，但遇到保安阻撓。有保安鎖上稅務大樓多道門的門鎖，表明「有出無入」。有示威者坐在大門，表示「等緊交稅」。示威者於灣仔稅務大樓內抗議，並堵塞出入口，門外聚集過百名未能回到大樓內上班的公務員。

港鐵被封「黨鐵」？

在反修例運動中，香港鐵路公司（港鐵）成為了示威者針對的目標之一，破壞行動亦不斷升級。由「不合作運動」、損毀站內的監控系統、售票機、出入口閘機和站台玻璃、防火設施、多次堵塞出入口、在車站內外塗鴉寫上「黨鐵」等字眼，甚至在地鐵站內外縱火，令港鐵無法正常運作。

反修例運動初期，示威者並未有針對港鐵，在多次示威活動中，會和平地使用地鐵往來不同的地點。但自 2019 年 7 月 21 日，元朗發生白衣人攻擊乘客的事件，有示威者質疑如果港鐵列車及時駛走，可以避免流血衝突；8 月 21 日，元朗事件一個月，示威者聚集元朗站再度與警方爆發衝突，期間有人破壞港鐵設施。

示威者其後指控港鐵受到自中國的壓力，協助警方打壓示威者，並把港鐵與中國共產黨帶上關係，故稱它為「黨鐵」。

港鐵向法庭申請臨時禁制令，禁止有人做出干擾港鐵運作的行為，更在一次觀塘遊行舉行前，以安全為由暫停附近多個地鐵站，引起示威者不滿。加上太子站警民衝突事件，觸發示威者針對港鐵的行動升級，示威者除要求港鐵公開監控錄像，更呼籲市民不購票「跳閘」坐地鐵或罷搭港鐵。

據港鐵統計，香港過半港鐵站受到不同程度的破壞，被示威者蓄意破壞及縱火，損失及維修費估計涉及幾千萬港元，為顧及乘各和員工安全，港鐵曾關閉多站。而在政府宣布引用《緊急法》訂立《禁蒙面法》後，港鐵站更全線提早關站，早至下午六時。

癱瘓香港國際機場「和理飛」演變成私刑衝突

反修例運動一度佔領香港國際機場使其癱瘓，試圖以人海戰術癱瘓機場對外交通。於 2019 年 8 月 12 日起連續一日半癱瘓香港國際機場，阻撓旅客登機，令數以萬計的全球旅客無法進出香港，影響了 30 萬人次客運量。有示威者甚至在機場內以懷疑身份為由，圍困一名身穿黑衫的內地男子，及《環球時報》記者付國豪，進行私刑。

示威者癱瘓香港國際機場期間，組成人鏈以行李手推車堵塞離境大堂通道。有示威者發現一名內地男子，即使對方解釋來自深圳，只是到機場送別朋友飛往美國而逗留現場休息未有離開，但示威者仍懷疑對方身份，並拳打腳踢、箍頸等，又將男子壓在地上。其後，示威者發現該名男子銀包內有內地身份證及港澳通行證，懷疑他是內地公安來港執法，一度以索帶綁起其雙手。警員到場後，示威者亦拒絕放行，甚至以激光射向警員、投擲雜物等阻擋警員前進，警方一度施放胡椒噴霧驅散。

當日深夜時分，有示威者再行私刑，將《環球時報》記者付國豪以索帶綁起。付國豪當晚身穿反光背心，在機場客運大

樓拍攝照片時被示威者發現，並質問是否記者，但付國豪未有回應並離開，被示威者阻攔，用索帶綁起他雙手，禁錮在行李車上。而付國豪當時向示威者表示：「我支持香港警察，你們可以打我了」。示威者隨即對付拳打腳踢，以膠板拍打他，又將他的銀行卡、證件等拍攝上載到社交網站，最終救護員到場協助，為付剪去索帶送上救護車。

在外地塗鴉隨時被判鞭刑？

■ 新加坡

《破壞公物法》是新加坡在 1966 年新添的一項法案，有指通過此法案是為了鎮壓持不同政見者在公共場所塗鴉。在《破壞公物法》未通過以前，破壞公物者最多只會被罰款 50 新幣或被判監禁一周，但法案通過後，在公共物品上塗鴉、噴漆、刻印的罪犯，均被判監禁和至少三下鞭刑，不但只針對新加坡國民，外國旅客違法一概同罪。

1994 年，有美國年輕人在新加坡塗畫車輛，被判鞭刑，即使時任美國總統克林頓為他求情，新加坡仍然判以鞭刑，只是減少兩下。2010 年，一名瑞士人也因相同的罪名被判鞭刑。而 2015 年的兩名德國年輕人在新加坡地鐵上塗畫，逃到馬來西亞仍被新加坡警方抓獲，判以鞭刑。

■美國

在美國加州，根據損壞的價值，塗鴉或故意破壞行為可能導致最高一年的縣級監獄服刑或最高 50000 美元的罰款。如果未成年人負責塗鴉或故意破壞，並且無法支付罰款，則父母必須支付罰款。在洛杉磯市內塗鴉，則每次事件需要支付高達 1000 元民事罰款，而父母是有責任支付清潔和維修費用；如無力或不願付款，則可能被要求提供社區服務並參加育兒班。

■台灣

在台北市街頭牆面違法塗鴉，台北市環保局考量每次違規塗鴉樣態不同，自 2016 年 5 月 1 日起訂出新罰款基準，考量清理難度、面積大小及違規次數等情況「分級化」裁罰，若以粉

筆等透過水、抹布就能除去的小範圍塗鴉，罰款 1200 元台幣，難以去除則罰款 1800 元台幣；隨著塗鴉範圍增大，同時考量清除難易度及違規次數條件等，罰款 2400 至 6000 元台幣不等。

在外地塗鴉刑罰			
	新加坡	美國	台灣
刑罰	判監禁和至少三下鞭刑	在加州可判監 1 年或最高罰款 5 萬美元（約 39 萬港元）	最高罰款 6 千台幣（約 1 千 5 百港元）

總結

香港市民擁有言論及集會的自由，但這些「自由」又是否代表可以任意妄為？究竟哪些示威行為對市民帶來的不便和損失可以接受，而哪些已經超越了底綫？支持和反對兩方抗爭，令香港社會造成嚴重撕裂，即使設施可以修補，人心又應如何重建？

法例拆解 Q&A

Q：破壞公物是否屬刑事毀壞罪行？

A：根據《刑事罪行條例》第 60 條，任何人無合法辯解而摧毀或損壞屬於他人的財產，意圖摧毀或損壞該財產或罔顧該財產是否會被摧毀或損壞，即屬犯罪；任何人無合法辯解而摧毀或損壞任何財產（不論是屬於其本人或他人的），意圖摧毀或損壞任何財產或罔顧任何財產是否會被摧毀或損壞；及意圖藉摧毀或損壞財產以危害他人生命或罔顧他人生命是否會因而受到危害，即屬犯罪。而用火摧毀或損壞財產而犯本條所訂罪行者，須被控以縱火。任何人犯縱火的罪行或其他所訂罪行，一經循公訴程序定罪，可處終身監禁。

Q：在香港公眾地方或私人財產上塗鴉是否違法？

A：根據香港法例第 228 章《簡易程序治罪條例》第 4 條 19 節，在任何公眾地方之內或附近，以雕刻或其他方式，

將任何字母、字樣、數字或圖案標記在任何石頭或路塹上，以致其外觀受損；而第 8 條，在沒有擁有人或佔用人同意下以粉筆、漆油或其他方式在任何建築物、牆壁、柵欄或圍籬之上書寫或留下記號，或將之弄污或毀損其外觀；或故意破壞、毀壞或損壞任何建築物、牆壁、柵欄或圍籬的任何部分，或其任何固定附著物或附屬物，以上情況可處罰款 $500 港元或監禁 3 個月。

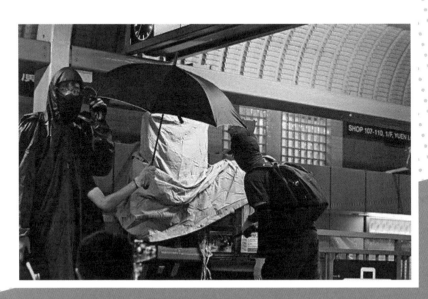

小知識

雨傘運動究竟破壞了多少公物？

本港發生多次非法佔領道路行動，當中清理佔領區及維修有關設施的工作涉及大量的公帑開支。以 2014 年雨傘運動為例，根據 2014 年 12 月 17 日的立法會文件顯示，時任保安局局長黎棟國回應指，事件涉及不同政策局及部門的範疇，包括運輸及房屋局、發展局、食物及衞生局、路政署、食物環境衞生署、土木工程拓展署和警務處，要完全恢復有關地區的原貌將需要一定的資源、時間及多個部門的通力合作。單在中環、金鐘開通道路時用來運載清除的垃圾及雜物，已有約 100 架次貨車。

黎棟國亦表示，在「佔中」期間，示威者在非法佔領區及周邊範圍挪用及取走了大量公物，包括鐵馬、水馬、行人路的欄杆、垃圾箱、回收箱、交通圓筒、路牌等製造路障。也有人擅自移走行車道路兩邊的渠蓋、行人路上的石磚，以及拆除了道路中央的分隔欄。有示威者在路面、石壆及天橋等位

置塗鴉，在路壆自行加建木梯或欄杆，踐踏草地，在路邊花床翻土耕種；也有佔領人士損毀交通燈，拆去安全島燈箱及街燈的外殼，涉嫌非法偷電，以及在扶手電梯的梯級塗抹混凝土，令扶手電梯不能運作。

整個「佔中」至 2014 年 12 月 17 日為止，有 32 輛警車遭受破壞。除了政府公物，立法會大樓也有玻璃門及外牆遭受嚴重損毀；不少公共機構及私人機構的財物被挪用或毀壞，例如巴士公司和小巴公司的巴士站和小巴站及欄杆、機場快線行李手推車、超級市場手推車、建築地盤的工具及材料包括滅火器、預製混凝土組件、工程圍板、沙石、磚頭、竹枝等。

？思考

1. 你認為在公眾地方、私人財產上塗鴉或破壞公物是否能真正表達訴求？

2. 示威者犯法、放火和破壞公物，卻要納稅人為他們找數維修已破壞的公物，你認為這樣公平嗎？

第 4 章

搜尋真相的

成就了起

群眾運動底文化

　　「起底」，又名「人肉搜尋」。近年網絡世界興起網民公審現象，公開目標人物的私隱，包括其相片、電話號碼、地址等個人資料，甚至連家人、朋友都不放過。在反修例運動中，因在金鐘示威現場紀錄亂象短片而爆紅的楊官華（華哥）、因出席撐警活動後把撐警標語「阿 Sir 我撐您」等貼在餐廳牆上的鯉魚門咖啡茶座老闆李凱瑚、警員及警員家人、新聞工作者、甚至曾出席「社區對話」的人士，亦被起底放上網。受到四方八面的攻擊，由網絡欺凌更演變成真實環境的滋擾。這些滋擾和圍攻即使報警求助也未必能完整消滅，究竟這些起底對受害人構成甚麼影響？是否能受到法律保護呢？

網民公審現象

「起底」又名「人肉搜尋」

　　「起底」文化自 2000 年代初期起盛行於高登討論區，隨後還自發組織「起底組」，免費網絡相簿、Facebook、YouTube 等分享網站開始流行，並擴散至其他討論區或社交媒體，不少人利用起底來解決私人糾紛，煽動其他網民將之起底，在現行法例下，被起底者在公開的社交媒體，如 Facebook、Instagram 頁面透露自己的姓名、相片、電話、住址等，可視為資料使用者已同意有關披露，故轉載是否犯法仍存在爭論。

由網絡欺凌演變成真實環境的滋擾？

* **起底**：公開目標人物的私穩，包括其相片、電話號碼、地址、等個人資料，甚至目標人物的家人、朋友的個人資料。

* **洗版**：在目標人物的社交媒體 / 網誌大量發佈言論，企圖散播謠言。

* **公審**：於網上討論區 / 社交媒體開設群組上載和傳閱目標人物的相片及短片等，並作出批評。

日本港式茶餐廳老闆——楊官華

「拍片原意是希望讓東京、大阪、上海、澳門的同事知道香港的情況，但無想過迴響極大，甚至被人起底騷擾。」在日本開設港式茶餐廳的華哥坦言只是一個經營小生意的市民，因在金鐘示威現場紀錄亂象短片而爆紅，他的Facebook在短短三個月內增加了三萬多個粉絲，YouTube亦有數十萬人觀看，但他揚言並不是想做出名的KOL。

這一切彷似令華哥成名，但實情卻是大起底的開始，「現時出街我都要帶口罩、帽，穿黑衫黑褲，裝成示威者的外貌，甚至要每日駕駛不同車牌的車輛，以免再受到騷擾。」

起底者主要利用網頁搜尋器，例如Yahoo!、Google等，輸入對方的網名找出相關網頁，包括個人網誌、社交網站、網絡相簿、討論區文章等，透過當中的資料，找出對方的真實姓名、年齡、照片、電郵地址等資料，甚至進行查冊找到更深入的資料，在網上公諸於世。

鯉魚門咖啡茶座老闆——李凱瑚

「我不怕起底，又不是做了不對的事情。」位於鯉魚門的咖啡茶座老闆李凱瑚堅定表示，從未想過放棄撐警，即使面對起底、騷擾依舊無所畏懼。李凱瑚原本過着平靜日子，但她於6月底出席一場撐警活動，隨後把當日的撐警標語「阿Sir我撐您」、「Madam我撐您」拿回貼在餐廳牆上，掛起國旗，並在社交媒體上公開表示支持警察後，「有人不停向政府部門投訴我餐廳，甚至人生攻擊我。」

李凱瑚的餐廳臉書專頁被下架，美食平台上更出現大量的負面評價，「以往政府部門只會數個月才來一次，現時一星期就有四

「餐廳每日都會收到類似香港的食環署、稅局、海關電話,表示收到投訴,但我們根本就沒問題,然後部門經常來檢查,食客受到騷擾,令生意大跌。」華哥亦提到,示威者更在茶餐廳外不斷貼上反修例運動的文宣,「當成反修例的連儂牆,清除後數日又再貼上」,甚至會在日本的餐廳點評網站,把他的茶餐廳由五星劣評至一星,「還會在網上訂位服務把所有訂座時間都預約,現時都只可靠未有提前預約的散客光顧。」

　　華哥指,不單是個人被起底,連帶部分員工亦受騷擾,最無奈的是起底者竟同樣是員工之一,「有茶餐廳員工是香港留學生,他們從內部文件中取得其他員工的資料和相片,把他們放上網公諸於世。」而港日兩邊走的華哥,逗留在港時亦曾被跟蹤,「有拉起窗簾的貨車會停在公司附近,甚至拍攝我們的車輛號碼、員工樣貌。」

　　經歷大起底後,華哥坦言未感後悔,由始至終都只是想透過Facebook、YouTube等分享網站把鼓勵說話傳揚開去,並不是想紅起來,「當事情平息後,就不再需要我去鼓勵大家,而我亦不會再拍片。」

個部門輪番上門,但根本就是無中生有。」甚至她的電話不停響起,「打來不出聲,有些就會大罵粗口,說我是慰安婦。」幸而未有示威者到餐廳搗亂,但生意額卻下降了一半以上。

　　生意額雖大減,但無礙李凱瑚在8月初的支持修例的音樂集會上,站上舞台說出了自己的故事,餐廳裡隨後更多了標語「香港加油」、「警隊加油」。來自五湖四海的支持修例人士,到餐廳支持李凱瑚,遠至南京、北京的人士都前來,「就算面對被人起底騷擾,但希望能站在自己的良心去選擇,堅持做對的事」。

「公審」「起底」勢成趨勢？

在網絡世界裡，網上欺凌者均以為匿名地攻擊別人，對方不會發現，更低估了自己所做的事對別人的傷害，這種「起底」後再「公審」的情況在社會上已發展到哪種情況？

警員、警員家人

反逃犯條例修訂草案運動引發連場警民衝突，有人將警員資料作起底於網上張貼，包括多張相片、姓名、電話、地址等，發展至針對警員家人，甚至將警員子女相片及學校資料等放上網，威脅警員及其家人安全、滋擾及以警員資料申請貸款等。而不少支持修例人士同樣被起底，將其個人資料包括相片、言論等放在網上被公審，甚至叫他人去滋擾其社交媒體。

反逃犯條例修訂草案運動引起一連串示威活動，曾有警員與示威者爭論後，該名警員隨即被起底，將其個人資料，包括姓名、編號及住址貼在大埔墟「連儂隧道」內，警方其後出動撕走數十張相關單張，但未有撕走其他牆上紙條。

至 2019 年 9 月中，經主動調查及警員報告，警方共發現近 2300 名警員及親友的資料被不當公開，有人煽動他人進行違法行為，包括刑事恐嚇、惡意滋擾，甚至非法使用他們的資料借貸等。

律政司司長及警務處處長於 2019 年 10 月 25 日入稟高等法院申請禁制令，禁止任何人非法公開警員及其家人的個人資料，包括姓名、職位、住址、相片、Facebook 帳戶等，以及禁止任何人恐嚇及騷擾警員及其家人。法庭隨後緊急開庭處理，並批出臨時禁制令。

新聞工作者

有網站圖文並茂公開大批記者民主派人士、抗爭者及新聞工作者的個人資料，包括是其電話、地址等，並提供了電郵地址呼籲網民爆料。但有指由於涉事「起底」網站的域名在俄羅斯登記，伺服器亦非設於香港，個人資料私隱專員公署指「無法定權力迫令相關的域外機構」提供網站營運者資料，故要求該網站移除及停止上載涉及起底甚至違法的內容，並已聯絡當地保障私隱機構，要求跟進。其後，網站被移除，但卻又有另一起底網站再度出現。

「社區對話」出席人士

反修例運動發展至 9 月底，特首林鄭月娥聯同 4 名局長展開首場「社區對話」，有出席人士遭網上起底。事源當日有一位身穿紅衣的中年女士指自己是「沈默大多數」，見到穿黑衫帶口罩人士會感到驚慌。其後，社交媒體就流傳一張與這位女士相貌相似、身穿警察制服人士的相片，有網民質疑她的發言有利益衝突；但事實上，警察公共關係科證實該名女士為前輔警，早年已離職，又強調警務人員在休班時享有與一般市民大眾相同的自由。

其實網上起底往往以網上欺凌為主，用作恐嚇他人，損害別人聲譽來達到噤聲目的；有些網民就是因為怕被起底而不敢公開發聲或批評，間接打擊他人言論自由。所以這行為也正正是摧毀言論自由的其中一步。

本港《個人資料（私隱）條例》保障足夠嗎？外地又如何規管？

要根治網絡欺凌問題，或要由法例監管，本港現時只設有《個人資料（私隱）條例》，未有明確針對網絡欺凌的法例，而條例的原意是監管個人資料的收集和使用，實際執法時需要受害者指證施害者的真實身份，唯網絡欺凌卻是難以辨認欺凌者的身份，在本港要保障網絡欺凌的受害者，難度可想而知。

■ 新西蘭

新西蘭於 2015 年已通過《有害電子信息法案》（Harmful Digital Communications Act 2015），訂明任何人以電子通訊形式發佈使別人受到嚴重情緒困擾的內容，即屬違法，當中列出十大原則，包括電子通訊內容不可公開他人的敏感資料，不可使用傷害、威脅和冒犯語言，不可作虛假指控等，而法案亦成立專門處理相關投訴的政府部門，部門會聯絡網絡供應商、討論區、網上搜尋器等業者，聯絡發表不當言論

的作者，要求對方刪除相關內容，否則會採取法律行動，一經定罪，被判入獄 2 年，罰款 5 萬紐元。

■ 韓國

2008 年韓國制訂《信息通信網法施行令修正案》，又名《網絡侮辱罪》，防止散播惡意和謠言，而擁有 10 萬用戶以上的網站須規定用戶留言時實名登記。如有人因網上留言而蒙受損失，可向網站提出請求，網絡運營商須於 24 小時內處理。

■ 澳洲

澳洲在 2015 年通過《提高網絡安全法案》(Enhancing Online Safety Act 2015)，訂明兒童網絡安全專員負責有關網絡霸凌的投訴處理在 2017 年，這項網路安全法案延伸並加強，保障兒童及成人使用網路的安全性，政府組織有權從社交媒體中移除不當的帖文、圖片或訊息，亦被賦予對個人及大型社交軟體的約束力，給予警告並提出網路欺凌者向當事者道歉等權力。

總結

　　一機在手，令不少欺凌者搖身一變成「網絡判官」，向目標人物起底，由「網絡欺凌」演變成真實環境的欺凌，這種趨勢一發不可收拾，本港現時主要以《個人資料（私隱）條例》處理相關事宜，但一直欠缺就網絡欺凌議題制訂的針對性法例。這些網絡欺凌對受害人名聲有傷害外，更會造成情緒滋擾，嚴重者會患上抑鬱或焦慮。受害人不甘欺凌下，與加害者互相報復情況常見，最終不斷起底公審，惡性循環，社會撕裂只會不斷加深。

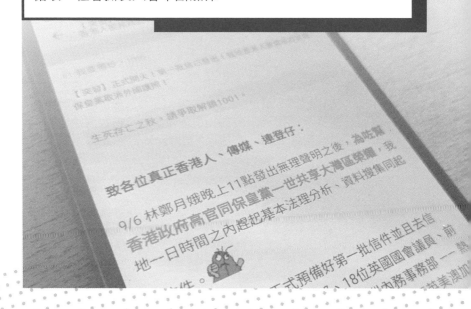

外地規管私隱條例		
	新西蘭	韓國	澳洲
生效	2015 年	2008 年	2015 年
條例	有害電子信息法案 Harmful Digital Communications Act 2015	信息通信網法施行令修正案 又名「崔真實法」	提高網絡安全法案 Enhancing Online Safety Act 2015
內容	任何人以電子通訊形式發布使別人受到嚴重情緒困擾的內容即屬違法	防止散播惡意和謠言／擁有 10 萬用戶以上的網站須規定用戶留言時實名登記	政府組織有權從社交媒體中移除不當的帖文、圖片或訊息
刑罰	入獄 2 年和罰款 5 萬紐元（約 29 萬港元）	罰款 3000 萬韓幣（約 21 萬港元）	可向專員投訴，專員有權要求發布者刪除內容，禁止繼續發布及要求道歉

私隱專員強烈譴責網絡「起底」及欺凌行為

2019 年 8 月 28 日
新學年加強校園宣傳教育

香港個人資料私隱專員（私隱專員）黃繼兒強烈譴責近期侵犯個人資料私隱、網絡「起底」及欺凌情況，尤其當中的恐嚇、騷擾等情況有越演越烈之勢，其中部分更涉及兒童及青少年。私隱專員再次嚴正警告，涉事者可能觸犯《個人資料（私隱）條例》（《私隱條例》）第 64 條的刑事罪行，最高刑罰是罰款港幣一百萬元及監禁五年。其他涉及的刑事罪行包括刑事恐嚇等，警方已進行拘捕行動。公署同時強烈呼籲網民不應進行該些目無法紀的刑事罪行，停止上載或轉載相關個人資料和具傷害性的言論，亦不可鼓吹其他人作出「起底」及欺凌行為。

公署的跟進行動

公署自 2019 年 6 月 14 日至 8 月 28 日上午共接獲及主動發現 768 宗疑似政府官員、社會知名人士、警務人員、市民及其家人，以及示威者的個人資料於網上討論區或即時通訊平台中的「起底」個案。當中涉及個人資料（如姓名、地址、電話、相片、學歷、出生日期、身份證號碼等）被他人在社交網絡平台披露，並連載帶

私隱專員強烈譴責網絡「起底」及欺凌行為

香港個人資料私隱專員公署

有貶義或人身攻擊的言詞,以達致令當事人受排擠、恫嚇及傷害的目的。

自 2019 年 6 月至 8 月,公署已去信 38 次要求八個涉事的網上社交平台及討論區,要求履行其法定及企業道德責任,移除以及聯絡有關網民或用戶,停止上載所有不恰當的帖文,遏止網絡欺凌行為。公署又成立了專責隊伍,主動搜尋及巡查附有不恰當帖文的連結。截至 2019 年 8 月 28 日上午,公署已要求涉事平台移除共 872 條連結,其中 474 條連結(即 54%)已被移除。公署會繼續要求有關平台移除其他連結,及對有關平台持續進行檢視。此外,由於部分連結所涉的平台是在香港境外運作及經營,公署已聯絡外地的私隱執法機關和有關駐港機構,尋求他們的協助及意見(註)。

「起底」及欺凌行為越演越烈

近日有公眾人士搜集警務人員妻子或女朋友的個人資料,繼而於網上平台圖文並茂,或舉辦所謂「選舉」活動,並帶恐嚇、騷擾、性侵犯或仇恨描述的帖文。另一方面,亦有公眾人士煽動他人在網上有系統地對警務人員的子女進行「起底」,試圖以列表方式披露他們的詳細個人資料(包括姓名、身分證號碼、地址、電話號碼、社交平台帳戶號碼、學校名稱、班級、家長姓名)。涉案的帖文肯定是違法,使當事人特別是未成年人士或婦孺蒙受傷害。

此外,有網民不滿某公眾人士及其弟弟的政見或行為,因而在網絡發起搜尋該弟弟經營的寵物店,並揚言與朋友到該寵物店門外吸煙,又暗示會阻礙該寵物店的生意。

私隱專員強調：「無論是兒童或是成年人，都可能會成為網絡「起底」或欺凌的受害者。兒童以至青少年是較容易受影響的群組，『起底』、欺凌以至恫嚇的行為對其構成的私隱風險以及心理傷害更難以估計。欺凌及仇恨言論是文明社會所不能接受的違法行為。」

保護兒童及青少年免遭網絡「起底」或欺凌

新學年即將開始，公署預期與網絡「起底」或欺凌兒童及青少年有關的個案數字將會上升。因應今次前所未有的嚴重情況，公署的專責隊伍會因時制宜，優先處理涉及兒童和青少年的個案，以期能盡快作出適切的跟進，減低對受害兒童和青少年的傷害。

加強宣傳教育

為提醒年青人網絡欺凌乃嚴重侵犯他人私隱，更可能屬違法行為，及教導他們如何避免遭網絡欺凌，在新學年開始之際，公署已致函全港中小學校長，向他們提供公署製作的宣傳及教育資料，包括短片、投影片簡報以及單張，望能協助老師教導學生如何防止網絡欺凌。

此外，公署亦將在新學年之初透過年度推廣活動「保障私隱學生大使計劃」，向全港中學生傳達有關訊息。該活動詳情，可瀏覽公署網頁。

法例拆解 Q&A

Q: 公開披露他人個人資料以達欺凌目是否屬不法行為？

根據《私隱條例》第 64 條，任何人披露未經資料使用者（如銀行）同意而取自該資料使用者的某資料當事人（如客戶）的任何個人資料，而該項披露是出於以下意圖的，該人即屬犯罪：

(a) 獲取金錢得益或其他財產得益，不論是為了令自己或另一人受惠而獲取；或

(b) 導致該當事人蒙受金錢損失或其他財產損失：又或在未經資料使用者同意下，如任何人披露取自該資料使用者的某資料當事人的任何個人資料，而該項披露導致該資料當事人蒙受心理傷害，不論其意圖如何，亦屬犯罪。最高刑罰是罰款一百萬元和監禁五年。

但這條例，亦有 4 項免責辯護理由，如下：

① 合理地相信有關披露對防止或偵測罪行屬必要；

② 任何成文法則、法律規則或法院命令規定作出，或授權作出有關披露；

③ 合理地相信有關資料使用者已同意有關披露；

④ 為新聞活動的目的，或與此直接相關的活動的目的，並有合理理由相信，發表或播放該個人資料符合公眾利益。

Q：曾有受害人投訴被友人於社交平台發放其姓名、職業、住址及工作地址等個人資料，是否屬不法行為？

A： 根據《私隱條例》第 52 條，因被投訴者以朋友身份獲得事主個人資料，故獲得豁免。該條例列明「家居用途」，指由個人持有並只與其私人事務、家庭事務或家居事務有關的個人資料；或只是為消閒目的而如此持有的個人資料，獲豁免而不受保障資料原則的條文所管限。

《個人資料(私隱)條例》

Q：公開披露他人個人資料是否違反不誠實取電腦罪？

A：《刑事罪行條例》（第 200 章）第 161 條「有犯罪或不誠實意圖而取用電腦」罪，用於在網上發佈不當言論，罪成最高可處監禁 5 年。惟終審法院 2019 年 4 月頒下判詞，指該控罪主要用於針對入侵他人電腦的駭客行為，認為使用個人電腦發放消息，當中不涉侵入另一人的電腦，故未能用此罪名起訴。

《刑事罪行條例》
－ 第 200 章

小知識

起底自保方法

① 申請社交網站時避免提供過量的個人資料，要考慮是否每項資料均有必要提供。

② 在不同的社交網站，以不同的電郵地址登記不同名稱的帳戶，難以追查到身份。

③ 在上載訊息或相片前要考慮清楚，即使被刪除，資訊可能已被轉發。

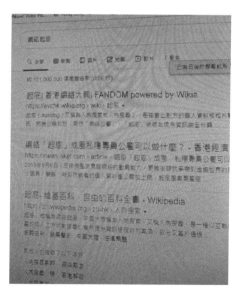

④ 了解社交網會如何分享你的個人資料或限制哪個組別可以看到你所張貼的資訊。

⑤ 不時檢查私隱設定頁，查看哪些個人資料可被分享及如何分享。

⑥ 小心第三者應用程式，例如附加遊戲，或會取得你個人檔案中不同的資料。

❓ 思考

1. 網絡公審中，錯的是否一定是被起底者，其他欺凌者或網民是否全無責任？
2. 特首林鄭月娥與市民的對話會面後，發生不同政見人士被起底騷擾，你認為「社區對話」應否繼續進行？

第 5 章

運用第四權的記者身

（The Fourth State）
份討論

　　「你有無記者證？」自 2019 年 6 月初以來，反修例運動令香港受眾對網媒、自媒體及公民記者的熱捧，遠超傳統媒體，而本港任何一個人都能隨便開辦一份報刊、管理網絡媒體，有民眾就曾質疑各大院校的學生或自由撰稿人，可隨意申請一張香港記者協會會員證就能通行無阻地在示威現場遊走，甚至有支援示威者及阻撓警方執法的說法。新聞從業員有其專業操守守則，列明應以求真、公平、客觀、不偏不倚和全面的態度處理新聞材料，新聞攝影亦應以紀錄真實為首要任務，不得作誇大和不實的報道。在這個「人人做記者」的世代，誰是「真」「假」記者實在難以分辨，前線記者和攝影記者細說採訪「戰場」辛酸，坦言現時常被質疑是否真記者，甚至取出記者證以示證明，亦隨時被視為假證件，甚至連反光衣都不敢穿上。

誰是「記者」?

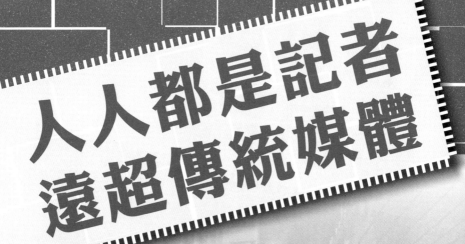

人人都是記者
遠超傳統媒體

人人做記者，每人隨身都有智能電話，每人也懂得「報道」，在標榜採訪自由及新聞自由的香港，若果要硬性規定由政府核實記者身份，並簽發記者證，這些自由或會消失。然而，在自由社會下，又會否有人利用這些「自由」作惡？

「真」記者？「假」記者？

「六月初反修例運動開始，記者、攝影記者（攝記）都是圈內的行家，但漸漸愈來愈多學生、網媒或公民記者『上場』，我們都不懂分辨誰人才是行家。」擁有六年傳媒經驗的前線記者阿言（化名）自反修例運動開始，每逢遊行、集會均要上「戰場」，他提到反修例運動到七月中，大部分傳媒都會帶上頭盔及口罩工作，「真的很難看清楚他們的真面貌，而且現場很混亂，只能單憑外表去判斷是否認識對方。」

事實上，香港記者協會（記協）曾接獲兩張於 2019 年 8 月 4 日反修例運動現場發現的記者證，分別顯示持證人為《澳門論壇日報》及一家本港中文報章之僱員，兩證均有照片及職員編號，但名字不符。記協經求證後，澳門論壇日報主編回覆指該證並非由其機構發出，亦未有僱用持證人，而該報只會向職員印發卡片。

　　而元朗 9 月 21 日反修例運動當日，一名男子以記者身份在現場拍攝，經記者多番查詢後，出示一張他聲稱由政府發出的記者證，證件上顯示「中華人民共和國香港特別行政區特區」徽號、「中華人民共和國香港特別行政區特區」字樣、新聞採訪證及 press card 字樣，他更指記者證是由香港政府發出的。惟本港並沒有記者登記制度，亦不存在官方簽發之記者證。

　　「發生這類假記者證的事情，不單止我們工作上有阻礙，公眾對記者的印象都不好。」阿言指，近月反修例運動，公眾對記者的關注產生了巨大的變化，「不少民眾擔心誰才是真記者，每次在街上採訪民眾都會受到質疑，要我們展示記者證，甚至要拍照紀錄。」他坦言，這只會令社會撕裂情況更嚴重，

「硬性規定由政府核實記者身份，並簽發記者證是好事；但同時也會損失新聞自由，是兩難的做法。」

根據《警察通例》第 39 章，「傳媒代表」包括持有下列證件的記者、攝影師及電視台工作人員，(a) 報館、通訊社、電視台及電台所發出的身分證明文件；(b) 香港記者協會會員證；及 (c) 香港攝影記者協會會員證。

究竟要成為「傳媒代表」是否這麼容易呢？香港文匯報曾報導「記協 20 蚊一張證 易淪暴徒『護身符』」，該報記者佯裝學生日前到記協辦事處查詢申請會員證，職員表示只需填表、學生證副本、記協現有會員的推介，就無須學校簽發的證明，入會年費只需 20 元。

不過，香港記者協會就此作出澄清，以新聞工作為主要收入來源的人士，才能申請成為正式會員，只有正式會員才能申請記者證。自由撰稿人則需要提交能夠證明其收入來源的已刊登作品，有需要時甚至要提交服務合約或其他收入證明。而學生會員只有就讀本港新聞院校之學生可以申請，申請者需要提交學生證件，而學生會員是不能申請記者證。

在香港採訪，是否需要配戴記者證？穿反光衣？

「八月之後，攝記都無再穿反光衣，只是配戴記者證。」入行十年，見證過雨傘運動，走到今日的反修例運動，攝影記者阿健坦言每次運動都會全副武裝上陣，包括貼上「PRESS」（傳媒）字眼的頭盔、面罩，但現時卻不再穿上反光衣，「太多人着，令警方都分不到我們是否記者，反而記者證一定要掛在胸前，是最有力的證明。」

由新聞機構發出的記者證不是任何人可擁有，故尤如「護身符」，相反反光衣在市面上購買相對容易，香港大公報記者就曾發現，印有 PRESS（傳媒）的反光衣原來隨處有賣，甚至有人假扮記者到前線進行「採訪」，每件反光衣只需 S150。

香港攝影記者協會就曾向警方發出公開信，表示「我有記者證，反光衣不代表我」，由於警方多次表明未能睇清楚記者身份，故行業才使用反光衣作為其中一種展示記者身份衣物；惟激烈衝突中警方竟向穿上反光衣記者直接攻擊，甚至乎清晰表達他們已知記者身份，認為警方已沒有藉口解釋穿上反光衣與能否

睇清楚記者身份而作出配合，最終決定在採訪現場使用有效記
者證而不會穿反光衣工作。

面對衝突，如何秉持中立報導？

反修例運動中，記者數月來進行大規模採訪，報導每日鋪
天蓋地，但在報導時如何秉持中立、公平、公正，一直受到質疑。
而香港記者協會到底是站在甚麼立場，在反修例運動中多次發出
譴責聲明，這些聲明甚至被質疑是否與示威者一夥。

香港記者協會有一套新聞從業員專業操守守則，當中提及
「新聞從業員應以求真、公平、客觀、不偏不倚和全面的態度處
理新聞材料，確保報道正確無誤，沒有斷章取義或曲解新聞材料
的原意，不致誤導大眾。而在處理新聞的時候，尤其是涉及暴力、
性罪行、自殺等社會新聞，應避免淫褻、不雅或煽情。亦不應因
外界的壓力或經濟利益而影響新聞報道或新聞評論。」

示威者佔領機場事件中，曾阻礙中通社女記者採訪，甚至對《環球時報》記者付國豪進行私刑。然而，記協在發出有關聲明時，就被質疑為示威者開脫罪責，甚至意圖將所有毆打的責任歸咎於內地記者沒有佩戴記者證所引起。

記協就事件發出的聲明，提到「對於近日兩宗內地傳媒記者拍攝示威者時受阻表示遺憾」，但其後又提到「先後發生中通社記者被示威者要求刪除照片，以及《環球時報》記者被示威者圍困、搜身及綑綁事件。兩名記者事發時，均沒有佩戴記者證。」記協被質疑是輕聲譴責示威者，相反大聲質疑兩名記者「無清楚展示其記者證件」，是雙重標準的做法。

報導要緊？還是救人要緊？

對於新聞工作者來說，這個故事並不陌生 —— 飢餓的蘇丹 (The vulture and the little girl)，在新聞攝影中一張極具爭議的相片，由南非自由攝影記者 Kevin Carter 於 1993 年拍攝，照片中一隻禿鷹降落在一名瘦骨嶙峋的小女孩身後，正等待女孩死後捕食，Carter 用了 20 分鐘去捕捉這個畫面並於 1994 年獲選「普立茲新聞特寫攝影獎」(Pulitzer Prize)，他原意為了喚起

社會對蘇丹戰爭而引起大饑荒時的關注，卻被批評見死不救，Carter 終自殺身亡。

Photo：Kevin Carter (1993) https://images.app.goo.gl/KSR9c2ESXUF1yHc79

易地而處，在反修例運動中，無論是示威者或是警方發生衝突意外，記者又究竟應否在意外一刻，立即伸出援手，還是先把現場情況拍攝下來？

2019 年 7 月中，一場在上水發生的反修例運動，警員於晚上在上水廣場天橋一帶進行清場行動時，一名示威者擔心被警員拘捕時跳出天橋外，面對如此驚心動魄的場面，有電視台攝影師決定在拍攝時不顧一切，一手提着攝影機，另一手捉實該

跳橋男子，其後由警員及其他上前營救的記者協助下，返回安全位置。

其後，在新城市廣場內發生的反修例運動中，一名警員被人踢跌倒在地上，然後有十多人衝前拳打腳踢，用雨傘等硬物毆打近半分鐘，期間曾有一名黑衫青年試圖阻止但不成功，最後有一名手持攝錄機的記者衝前半蹲跪在倒地警察身上保護他，場面才受到控制。

網媒叢生現象

從 2019 年下半年社會運動開始，因為社交媒體的興起，而相關媒體專頁設立不需要任何特殊要求，不少網媒都如雨後春筍般成立，部份專頁或頻道沒有正式商業登記地址或任何全職人員，而其運作模式及營運狀況均沒有得到任何認可及監管，所以為不少人所垢病。同時間，隨着頻繁的社會活動及不同類型媒體宣傳，有時更會出現學生記者、校園記者到衝突現場作採訪或直播，引起種種專業性問題。

外國記者證是否易於可取？

世界各地對於記者證的管理方式不同，香港以「新聞自由」為由，任由不同新聞機構自行發出相關的記者證，但事實上，有不少國家對於記者證的管理、簽發方式都非常嚴謹。

■英國

1992年，在倫敦市政警署的協助下，設立英國記者證管理局有限公司（UKPCA），是英國發放、管理新聞及媒體的一個非營利性機構，三個基本職責分為：發放標準的、可查證的記者證，排除不合格記者，提供查證信息。機構由英國主要媒

體組織、行業協會、工會和專業協會擁有和集體控制，共 19 個新聞單位組成，其工作主要收集所有媒體的材料，而其成員的每個英國記者證，堅持 UKPCA 董事會負責把關，並控制記者證的擴散。

規定申請人全部或大部份收入必須由新聞行業得來，並需提交身份及住址證明，可驗證和已出版的新聞作品，以及受認可媒體機構編輯所發信件證明申請人對其製作有償作品。相關記者證亦需要得到英國國家警察局長委員會及司法部認可。

記者證由一個指定的公司制造，該公司掌握所有記者的個人信息。而記者證上不僅有全像攝影、查證熱線號碼，還有智能卡片和密碼，難以造假，亦方便核實身份。

■ 新加坡

新加坡記者證由新加坡通訊及新聞部發出，是新加坡政府的一個轄下部門。在新加坡工作的媒體人員可以向媒體部申請新聞鑑定卡（PAC），但需合乎有關資格：① 需要定期報導部

長級職能和政府活動的媒體人員；② 這些人員包括編輯，記者，製片人，攝影師，攝影師或媒體支持人員（例如技術人員和音響工程師）；③ 申請人必須與新聞機構（例如報紙，新聞社，廣播公司和時事/新聞雜誌）全職合作；④ 新加坡通訊及新聞部認可媒體人員的專業出版物（例如生活方式雜誌，風水通訊和非常專業的貿易雜誌）；⑤ 合同人員，臨時人員，實習生和自由職業者沒有資格獲得 PAC 的資格；⑥ 不參與新聞內容製作過程的人員也沒有資格（例如，管理層，市場營銷和廣告主管或其他不參與新聞製作的人員）

■美國

美國紐約市只容許持有警方認可記者証人士進入當局的封鎖範圍，而相關記者證由紐約市警察局的副處長（公眾資訊）辦公室審批及簽發。申請人更需要提交過去 24 個月內的報道、評論、廣播或攝影，以證明曾在不同日子參與六篇以上的突發和政府政策新聞。白宮的記者證更加需要白宮特勤局審核，持證者需每 180 日至少 90 次到訪白宮簡報會才能繼續申請之後的續証。

總結

　　未來是否統一發出記者證仍在爭論中，但長遠而言，釐定怎樣才是網媒、自媒體、公民記者及兼職記者是否符合「記者」資格，而記者的基本資料和相片又是否需在政府新聞處登記備案，這些都是需要討論的官方認證記者制度的重要命題，既可保障記者權益，也可杜絕假記者情況，記者的公信力在大眾心目中亦增添不少分數。

2020 增訂：

　　因應最新採訪情況，香港警察在 2020 年 9 月 22 日去信四個全名協會，表示將修訂警察通例下傳媒代表定義。在更新的定義下，「傳媒代表」為已登記政府新聞處新聞發佈系統的傳媒機構或國際認可及知名的非本地新聞通訊社、報章、電台和電視廣播機構所發出的身分證明文件記者、攝影師及電視台工作人員才符合定義。往往由香港記者協會或攝影記者協會會員證的工作人員則包括在內。

　　警察公共關係科總警司郭嘉銓在之後記者會提到，自去年六月發生眾多社會活動以來，先後有自稱記者人士混入人群，涉嫌阻礙警方執勤，甚至襲擊警員，是次改動可以讓前線警員更有效分辨傳媒代表，減少衝突。根據新的定義，合適傳媒機構超過 200 家，比以往由香港記者協會所發的 99 張會員證為多。

部份網媒標誌

政府新聞處新聞發布系統 (GNMIS)

GNMIS 由政府新聞處管理，並有清楚完善的制度 讓傳媒登記成為用戶，政府新聞管理處按照以下條件處理登記。

- 《本地報刊註冊條例》註冊機構
- 《電訊條例》所發牌的電台廣播機構
- 《廣播條例》所發牌的電視廣播機構
- 國際認可及知名的非本地傳媒機構
- 符合特定條件的網媒

政府新聞處會因應情況，定期覆檢政府新聞處新聞發布系統的登記用戶資格。

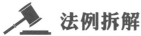 **法例拆解**

Q：何謂「傳媒代表」？

A：根據《警察通例》第 39 章，「傳媒代表」包括持有下列
證件的記者、攝影師及電視台工作人員，

(a) 報館、通訊社、電視台及電台所發出的身分證明文件；

(b) 香港記者協會會員證；

(c) 香港攝影記者協會會員證。

Q：在香港，開辦報刊是否需要政府批准和領取
牌照？

A：根據第 268B 章《報刊註冊及發行規例》，除了獲發牌的電
台及電視台外，報章、刊物或網媒均需填妥附件表格 1
中本地報刊東主、承印人、出版人及編輯的詳情，包括

本地報刊名稱、地址、出版次數，以及東主、承印人、出版人和編輯的全名、營業地址、電話、香港身分證號碼，連同簽署或蓋章等，並繳交每年或不足一年的牌照費 $1025，便可完成手續。任何人違反有關條例，即屬犯罪，一經循簡易程序定罪，可處罰款 $1000 及監禁 6 個月，但違反第 15 條則只可處罰款 $1000。

而根據第 268 章 《本地報刊註冊條例》第七條，本地報刊的註冊所有本地報刊均須按照根據第 18 條訂立的規例註冊，包括禁止由並非報刊持牌發行人的人發行報刊等等，而所用名稱不得與另一本地報刊所已註冊的名稱相同。任何人犯本條例所訂的罪行，一經循簡易程序定罪，可處罰款 $5000 及監禁 1 年；及一經循公訴程序定罪，可處罰款 $15000 及監禁 3 年。

小知識

政府機構曾發出統一通用的記者證？

記者的身份成為爭議問題，甚至難分真與假。原來早在港英時期，官方就曾經簽發統一通用的記者證，並非隨手可得，有新聞界前輩就提到，港英政府於 1948 年發出記者證，但直至 1959 年香港政府新聞處成立，記者證比護照略小，封面印有政府新聞處記者證字樣，內有記者照片及處長簽名。至 1960 年代，記者證已採用膠面，深藍色的，證件的形狀與現時的記者證相類似。

到 1970 年，記者證上印有更多證明身份的資料，正面貼有記者相片、中英文姓名、簽名及代表機構、簽發年份，更會有「香港政府新聞處」騎縫章及編號。而背面以中英文印有「此証僅證明持有者為採訪記者／攝影記者」，使用限期僅為一年，如果要繼續使用就需要再次申請。

隨後，香港政府新聞處便停止簽發官方的記者證，只發出單項目活動的邀請記者證，而一般的記者證則改由新聞行業組織或機構簽發，早以香港政府新聞處簽發的記者證為樣式藍本，其後因應各新聞行業組織或機構所需，發出不同樣式的記者證。

❓思考

1. 在標榜採訪自由及新聞自由的香港，現時卻面對假記者的情況，你認為是否應硬性規定由香港政府核實記者身份，並簽發記者證？
2. 若發現示威者或是警方發生衝突意外，你會先伸出援手，還是先把現場情況拍攝下來？

第 6 章

資訊泛濫
Fact Check

而催生的年代

　　什麼是「事實」？ Fact Check（事實查證）一詞在 2016 年美國總統選舉流行起來，有指當時不同網站及社交媒體上出現多宗假新聞，企圖影響選情，美國媒體用 Fact Check 方法揭發有關總統選舉的假新聞後，全球各地不少媒體都以 Fact Check 手法報道，找出假新聞。反修例運動期間，社交網絡也在上演一場真假新聞之爭，每日成百上千的新資訊散播，假新聞不脛而走，出現白色恐怖，究竟哪些新聞屬真屬假？假新聞能否終結，香港又應否立法規管呢？

事實查證一詞

社交媒體上出現多宗假新聞

設定 工具

社交網絡也在上演一場真假新聞之爭

Google

Q 全部 🖾 新聞 🖾 圖片 ▶ 影片 ⊙ 地圖 ⫶更多

約 4,890,000 項搜尋零結果 (0.43 秒)

www.bbc.com › trad › chinese-news-48801085 ▾
逃犯條例事件：香港網絡「假新聞」之爭 - BBC News 中文
2019年7月4日 — 但除了街頭的抗爭，社交網絡也在上演一場真假新聞之爭，目標是吸引更多關
注目光。傳統和網絡媒體多天來都透過WhatsApp、臉書等平台向 …

yahoo-news.com.hk › BBCChineseNews ▾
逃犯條例爭議：香港網絡「假新聞」之爭 - 雅虎香港
2019年7月4日 — 但除了街頭的抗爭，社交網絡也在上演一場真假新聞之爭，目標是吸引更多關
注目光。傳統和網絡媒體多天來都透過WhatsApp、臉書等平台向 …

www.uwlase.co › 假新聞-香港 ▾
假新聞香港— Uwlas
但除了街頭的抗爭，社交網絡也在上演一場真假新聞之爭，目標是吸引更多關注目光。傳統和網
絡媒體多天來。連登促睇睬聽市民訴求其中被點名的連登LIHKG 管理 …

stedu.stheadline.com › sec › article › 通識大全-全球化-… ▾
認真處理假新聞不容有失屋島教育網
2018年3月26日 — 一封面專題全球化解說如果你揀選了以上其中一項，代表你已經被假新聞誤導
… 跟其他媒體比起來，在網絡上製造一個假新聞的成本非常低，而瀏覽者要去核實新聞的成本
很高，過去甚至有傳統 … 以往人們一般認為假新聞在社交媒體都是由機械人操控和散播，但
上網民才是元兇。… 難分真假製造恐慌
缺少字詞: 上演 一場 爭

… CC › 資訊
歌宣佈聯手打擊社交媒體假新聞！- 每日頭條
隨着網絡時代的興起，新聞的獲取變得越來越簡

專門生產吸引流量、點擊文章的網站 Content Farm(內容農場)，炒作不少假新聞後再流傳，甚至誇大標題，吸引讀者瀏覽，進一步加劇假新聞散播。美國曾發表了一項研究報告，指 2006 至 2017 年間，三百萬網民在 Twitter 上發表的十二萬六千條貼文之中，假新聞較真新聞被轉發的機會高七成。究竟網民應如何 Fact Check ？ Fact Check 後又是否得到正確答案？

美國總統選舉興起 Fact Check ？

2016 年美國總統選舉期間，不同網站及社交媒體上出現多宗假新聞，例如大爆對手黑歷史，假新聞氾濫到動搖選情地步，令讀者難辨真假，而「Google News 」當時增加了「Fact Check」功能，在檢索重要的新聞時會同時事實查核，並標上「Fact Check」標籤，幫助選民辨別真假資訊。

假新聞是指有人發放錯誤訊息、虛假訊息及惡意訊息，扭曲事實針對目標人物。而 Fact Check 就是要把得知的假新聞作出分析，包括內容基礎、資料來源、證據以及不同的可能性。

　　至 2018 年美國中期選舉，Facebook 宣布封鎖 115 個疑似與「外國機構」有關、試圖干預美國選舉的帳號。而英國一份研究也顯示，這次美國中期選舉假消息的網路散播率，比 2016 年美國總統大選，網路分享的選舉假新聞更多，甚至超越主流新聞。

Fact Check 再 Fact Checked ？

　　反修例運動以來，一直未有「大台」出現，大部分的資訊都是來自各大小 Telegram、Facebook、Instagram 及 Whatsapp 群組，不停轉發相關消息，當中有不少所謂的「一手」圖片或影片，但都有機會是假的，或會令群眾被假新聞牽著走，製造白色恐怖。

假新聞的「曼德拉效應」？

　　網路普及化令 Fact Check 變得容易，同時催生假消息，有人先記錯一件事或誤信一個說法，或會令很多人都信以為真，久而久之成為共同記憶，產生更多的「曼德拉效應」（Mandela Effect），真相難以回到起點。

何謂「曼德拉效應」？「曼德拉效應」一詞在 2010 年出現，源自一群相信前南非總統曼德拉（Nelson Mandela）於 1980 年代在獄中已經逝世的人更能說出曾閱讀他的死訊、訃告和葬禮等；但事實上，曼德拉出獄後在 1993 至 1997 年間曾擔任南非總統，到 2013 年才逝世。

這種時空錯配的情形，主要是人們的記憶會隨著時間而模糊，並漸偏離事實，當有人再度提起一些疑似真實的訊息，並突然大量傳播，或會讓人完全相信記憶中的某些細節都是真的，如同集體虛假記憶，例如發生在選舉期間的假資訊，足以影響選民的投票行為。

假新聞終結時？

社交網站散播各類新聞資訊，但本港現時仍未有法例針對規管假新聞，令這些假消息每日在社交網站中大量散播。為針對當中的假新聞，Facebook 在 2016 年起與查證網站以及新聞機構合作，為新聞進行覆核，若經查證為假新聞後，Facebook

事件 1

真新聞片段配上假旁白

2019 年 6 月 21 日萬人包圍警察總部，多間傳媒作新聞直播，片中有救護員等待進入警總運走傷者，但有 Facebook 專頁卻上載名為「金鐘警察傷者出來」片段，盜用有線新聞、now 直播台等傳媒片段，並自行配上主觀旁白，如指摘示威者「收咗錢」等，吸引逾 10 萬次觀看。有線電視須發表聲明，指發現有人在社交媒體，擅自使用有線新聞的直播畫面，並自行配上旁白，使人誤以為是該台報道，對這種蓄意誤導公眾的侵權行為保留追究權利。

事件 2

警員假扮示威者投擲汽油彈？

2019 年 8 月 25 日晚上，在荃灣遊行期間，有示威者向警方投擲汽油彈，其中一枚汽油彈被惡意刪改為由警方擲向示威者。CNN 在報導中誤稱，警方向示威者投擲汽油彈，事後 CNN 承認錯誤，並向警方致歉。

事件 3

香港警察斷指假照片

2019 年 7 月 12 日一場沙田示威活動爆發激烈警民衝突，多名市民和警察受傷，當中有警員一截手指被咬斷，但有不少社交網站專頁在講述此事時，配圖均採用一張斷指照片；但有網民發現，斷指圖的來源是另一宗在台灣 2015 年 8 月 4 日的新聞報道《兩男吵架動手又動口 咬斷手指幸接回》，圖片是在台中市澄清醫院拍攝的。

事件 4

仇殺錄音「戒嚴」

2019 年 6 月 26 日示威者包圍警察總部，2019 年 7 月 21 日晚發生元朗襲擊事件後，翌日早上就傳出數條仇殺錄音，錄音提到將會派出 200 個刀手從流浮山殺入元朗襲擊途人，當日全港提早放工，入元朗屯門的巴士，下午四點便大排長龍，市民亦不敢乘搭西鐵回家。最終，元朗並無發生襲擊，只有一宗數人的小衝突，200 個刀手一個都未有出現，但市面就因假消息而自我戒嚴，造成「白色恐怖」。

事件 5

警員假扮示威者煽動？

2019 年 6 月 26 日示威者包圍警察總部，網絡流傳一幅改圖，圖中有文字指出一名警員假扮示威者「用鋤頭整開個鐵閘想帶頭」，煽動其他人衝擊警察總部，當時更有立法會議員上前阻止。但其後有專門 Fact Check 的社交網站專頁翻看在場媒體的相關新聞片段後，發現該名警員根本沒有拿着鋤頭，亦無嘗試打開閘門，而立法會議員亦根本不是去阻止他。

事件 6

警察敬禮月活動？

2019 年 6 月 26 日示威者包圍警察總 2019 年 10 月 9 日開始在網上流傳一張的聲稱由民建聯、工聯會及何君堯主辦的「警察敬禮月 2019」活動帖子，當中提到 11 月全港市民、中學、小學、幼稚園學生，應自發性向警察以六十度或九十度鞠躬，並以軍人手禮向警察問好。民建聯隨即在其社交專頁澄清沒有舉辦相關活動，是被人盜用民建聯標誌去製作假圖，以發放不實訊息去誤導市民。

事件 7

假帖文改圖聲稱作出相關言論

有網民在 2019 年 10 月 10 日發出帖文，並附上圖片，圖中聲稱警務處副處長鄧炳強對於中大女生新屋嶺性侵一事表明「涉事人無證據而誣衊警方有可能觸犯刑事罪行，父母也可能干犯教唆罪」，此帖文有逾 3000 個分享，但有專門 Fact Check 的社交網站專頁翻查紀錄，鄧炳強並沒有在公開場合作出相關言論，而相關圖片只是改圖，並早於 2018 年的新聞報導中曾出現。

事件 8

警方 8 月 31 日在太子站打死人？

警方於 2019 年 8 月 31 日進入太子站執法追捕示威者，示威者連日來流傳有人懷疑失蹤甚至懷疑被警察打死，要求港鐵公布閉路電視片段。期後，警方表示當時評估指太子一帶危險，在考慮到同事及傷者安全，以及傷者的情況下，因此決定以列車將傷者運到荔枝角站。醫管局亦證實無死亡個案。

便會在該報導的貼子上標示為「Disputed（具爭議）」，並把報道沉底，甚至將有關內容刪除。

對於散播關於香港的假新聞，2019 年 8 月 19 日社交媒體 Twitter 停用了 936 個「散佈虛假信息」賬號，而 Facebook 則移除了 7 個頁面、3 個群組和 5 個賬號。

Facebook 於 2019 年 9 月，於本港引入「Fact Check」機制，並與法國新聞社合作，推出第三方事實查證，先透過人工智能找尋可疑新聞，包括廣告、文章、照片及影片內容，再由資深記者組成的團隊，利用人手及電腦進行內容的比對，以核實相關消息是否屬假新聞。當事實查證人員將帖文評定為不實內容，相關內容在動態消息出現的排序將被降低，減少流傳機會。

另外，有網民於 2014 年 9 月開設《求驗傳媒》的 Facebook 專頁，為網民 fact check 謠言，希望能改變「以訛傳訛，見 post 即轉」的風氣。單是反修例運動以來，便多次出帖澄清網上流言，不分立場，只要對帖子存在疑問就會 Fact check，並把結果放在專頁供網民參閱。

外地假新聞氾濫，法律可遏止？

以假亂真，後果可大可小，假新聞、內容農場的點擊率甚至比具公信力的新聞網站更高。世界各地近年都想方設法成立事實查核網站，甚至立法規管，排除失實言論。

■新加坡

新加坡打擊假新聞的《防止網路假資訊和網路操縱法案》於 2019 年 10 月生效，政府有權要求 Facebook、Twitter 等社交平台網站，移除一些當局認為的假新聞內容，或者在這些內容旁面加上警告字句。除了散播假消息本人外，如果相關平台被認為把關不力，亦須承擔法律責任，違法者最高刑罰長達 10 年的監禁或罰款最高 100 萬新加坡元。

■美國

美國於 2016 年實行《反外國宣傳與造謠法案》，由國務院召集成立跨部門「全球作戰中心」，協助記者、民間團體、非政府組織等，識破來自外國政府的政治宣傳。另外，事實查

核網站「PolitiFact.com」於 2007 年 8 月由《華盛頓時報》與《國會季刊》聯合創辦，自 2009 年以來，PolitiFact.com 每年都宣布一項政治聲明為「年度最佳謊言」。經過多次變更，該組織於 2018 年 2 月被 Poynter Institute 收購，是一家非營利性新聞教育和新聞媒體研究中心。另外，Google 亦推出的「事實查核」標籤和 Facebook 開放假新聞檢舉的自律機制。

■ 德國

2017 年德國《社交網路強制法》生效，用戶人數逾二百萬的社交平台，強制規定社群網站針對不實言論和假新聞的下架程序，若社群媒體公司未能於 24 小時內移除「明顯違法」的內容，包括仇恨、誹謗等內容，會被罰款五千萬歐元，公司相關負責人則罰款最高五百萬歐元。至於「有爭議」的內容，社群媒體可於七日內考慮處理方式。

■ 台灣

台灣事實查核中心於 2018 年成立，由優質新聞發展協會與台灣媒體教育觀察基金會所共同成立，屬非營利性質，以諮

議委員會為最高決策單位，負責訂定與修訂查核作業準則等重要規章，另設立顧問委員會，提供事實查核之工作建議與專業諮詢，成員名單一律公開。中心所有查核報告至少須經三位查核人員核校後方予公布，民眾在日常生活中若發現有訊息或新聞可能虛假不實，均可在網站申訴該則訊息或新聞。

總結

反修例運動期間，大量來歷不明或「看圖說故事」的假新聞湧現，資訊過剩下或會難以明確界定何謂真實與非真實，當一般人決定不去追尋真相時，這些資訊就會成「真」，甚至當習慣「有圖有真相」，便容易被圖片誤導。2003 年，14 歲少年於「沙士」肆虐期間，愚人節當日盜用《明報新聞網》的格式，在互聯網上散播「香港成為疫埠」的假消息，直至政府公開闢謠才平息風波。十多年過去，這個假消息你有當成真的，並記在腦中嗎？

法例 Q&A

Q：發布假消息令某人聲譽受損？

A：根據香港法例第 21 章的《誹謗條例》，任何人或機構透過書面文字或說話，發佈惡意言論去損害另一人的聲譽；或發布虛假消息，以求惡意中傷或誣蔑他人，即屬誹謗。而任何人惡意發布他明知屬虛假的誹謗名譽的永久形式誹謗，可處監禁 2 年以及被判繳付法院判處的罰款。

《誹謗條例》全文

第 200 章
《刑事罪行條例》
－第 161 條

Q：在網上發布失實言論，並有意圖犯罪？

A： 根據第 200 章《刑事罪行條例》第 161 條「有犯罪或不誠實意圖而取用電腦」，(1) 任何人有下述意圖或目的而取用電腦，即屬犯罪，一經循公訴程序定罪，可處監禁 5 年。

(a) 意圖犯罪（不論是在取用電腦的同時或在日後任何時間）；

(b) 不誠實地意圖欺騙（不論是在取用電腦的同時或在日後任何時間）；

(c) 目的在於使其本人或他人不誠實地獲益（不論是在取用電腦的同時或在日後任何時間）；或

(d) 不誠實地意圖導致他人蒙受損失（不論是在取用電腦的同時或在日後任何時間）。

小知識

透過社交網站媒體每日吸收大量資訊,但內容真假實在難以分辨,最好先自行分析,而 Fact Check 就有以下方法,不會輕易被虛假內容蒙騙。

① 查看連結貼文的網站背景:在 Facebook 的網站連結帖文中,右上方點選圖片上的「i」字,可以查看這個連結來自哪個網站,並可從網站建立的時間註冊、其他內容、分享人數,以及這條連結來自哪些地區分析內容真假。

② 查看專頁背景:Facebook 上的專頁如有官方認證,會是「藍 ✓ 剔戶」;而在專頁右手邊的版面位置的「專頁透明度」,可看到該專頁於建立時間,點選「顯示更多」後,

會看到該專頁是否曾改名、是否曾和其他專頁合併、專頁
管理人員的背景。

③ 查看圖片的真偽:善用 Google 圖片搜尋查證,輸入圖片
連結或將相片拖到搜尋輸入格中, Google 圖片就會進行
比對,並列出有關圖片的出處及搜尋結果,方便排除誤導
性的圖片。

？思考

1. 當你從不同渠道,如 Facebook、Whatsapp 收到
相同的消息,你會用哪些方法去查核嗎?

2. 你認為香港要設立事實查核中心嗎?

第 **7** 章

香港的「國仍需要

民教育」存在嗎？

　　2012 年德育及國民教育科被港人推翻，取消三年開展期，由學校自行決定是否開辦；而 2019 年《國歌法》進入本地立法程序亦引起連串風波，部分市民對於國情仍當作洪水猛獸。從反修例運動的表現來看，國民意識不但相當淡薄，甚至有進一步削弱跡象。反修例運動中有示威者於紀念抗日戰爭捐軀烈士的前夕，大肆塗污香港唯一國家級抗戰遺址、位於烏蛟騰的抗日英烈紀念碑；有香港大學學生在民主牆上貼出「慶祝 918」的大字報。在示威活動中更多次有示威者撕毀及點火燒國旗，當中年齡最細的只有十三歲。究竟香港的國民教育應如何再度開展？又能否找回人心的回歸呢？

國民教育存在嗎？

香港的國民教育如何維持？

1996 年政府課程發展議會出版的《學校公民教育指引》強調在公民教育中平衡地發展國民教育、人權教育、民主教育、法治教育和全球教育。國民意識離不開國民教育和歷史教育，但香港中學歷史教育存在課程一直被評為古今比例不均，對於中國近現代史的了解並不深入。而本港年青人多年來對於自由、民主、人權等只是「耳濡目染」，真正的意思又是否瞭解。有言民主能帶來自由，改變政府與人民關係，但什麼是真正的民主、自由呢？那激進示威者所謂的「民主自由」是否能相信？

國民教育爭議

香港回歸二十多年，但人心一直仍未回歸，各種中港矛盾依舊存在。特區政府於回歸十年之時，有意計劃推行國民教育，加深香港人對中國認識。2007 年，時任國家主席胡錦濤訪問香港並發表講話，強調「要重視對青少年進行國民教育」。隨後，時任香港特首曾蔭權在《施政報告》中提出加強國民教育，並於 2010 年提出在中小學設立獨立的「德育及國民教育科」，幫助學生更快地建立起國民身份認同。

中大教育行政與政策學系客座教授曾榮光就提到過往香港

學校的公民教育是一種「無民族」和「無政治」的教育。他建議，一個包含民族教育與公民權責教育的公民教育課程，內容應以民族國家為起點。當認定了民族國家為公民教育的立足點後，繼而就要如何在現代國家內，建構起民族認同、意識與想像，更要確立公民權責，即民權、政治權與社會權。

2011 年 5 月，香港課程發展議會為中小學推行德育及國民教育科而編寫了《德育及國民教育課程指引（小一至中六）咨詢稿》，目的是進一步加強國民教育內容，持續並有系統地培養學生的品德與國民素質。至 2012 年 4 月，香港教育局發布了《德育及公民教育指引》，於同年 6 月香港國民教育中心向全港中小學派發《中國模式 —— 國情專題教育手冊》，市民熱烈爭議，擔心「德育及公民教育科」的設立會妨礙學生的價值判斷，引發反國教運動。

反國教運動於 2012 年 9 月進入高峰，自 9 月 1 日開學日起，連續 9 日晚上有數以萬計市民在政府總部外集會抗議，學生、教師和家長絕食。9 月 10 日，政府宣布抽起國民教育課程指引中「當代國情」的部分。直至 10 月 8 日，時任香港特首梁振英宣布取消德育及國民教育科 3 年開展期的規定，大學團體及學

校可自行決定是否獨立成科，反國教運動逐漸平息。

「中國人」還是「香港人」？

香港人是不是中國人？自回歸以來，香港人對中國人的自我認同感備受關注，面對自我認同身分又會如何選擇？

港大民意研究計劃就「港人身分認同」於 2019 年 6 月公布調查結果，以 100 分滿分計，受訪市民對「香港人」身分的認同指數較半年前升 3.8 分，至 84.6 分，為 2008 年以來新高；但受訪者對「中華人民共和國國民」認同指數，較半年前跌 10.8 分，至 46.2 分。

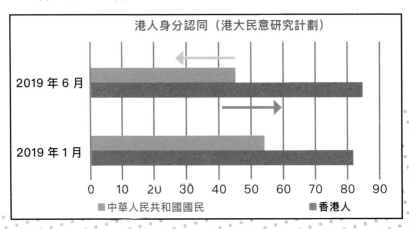

港人身分認同（港大民意研究計劃）

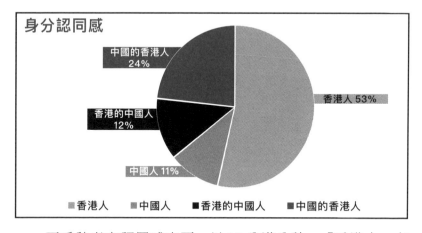

而受訪者在認同感方面，以 10 分滿分計，「香港人」在 6 項身分中得分最高，達 8.61 分，較半年前升 0.27 分，其後得分順序為亞洲人、世界公民、中華民族一分子、中國人，最後是中華人民共和國國民，僅得 4.82 分。民調同時要求受訪者從「香港人」、「中國人」、「香港的中國人」及「中國的香港人」四者中，選擇自己認同的身分，調查結果顯示為 53%、11%、12% 和 23%，「香港人」是最多受訪者選擇認同的。

為何怨懟國旗、區旗，甚至抗戰遺址？

「對國旗要有尊敬的心，不可以胡亂踐踏國家尊嚴。」年屆 101 歲高齡的陳炳靖於上世紀抗日戰爭期間，加入空軍救國，

獲安排到美國受訓及加入飛虎隊，是目前香港唯一一名生還的華籍飛虎隊機師。其後於越南一次空戰中被俘，幸得義士相救才活下來。

九一八事變八十八周年前夕，激進示威者在烏蛟騰的抗日英烈紀念碑用噴漆寫上侮辱踐踏的字句，包括在紀念碑底座正面噴上「反送中列(烈)士」，側面噴上「願民主」及「自由不朽」，「烏蛟騰村烈士紀念園」石牌亦慘被噴上「反送中」三字。

陳炳靖先生 於 2019 年 10 月 1 日出席國慶活動時拍攝

《國歌法》是洪水猛獸嗎？

香港《國歌法》進入本地立法程序引起連串風波，不少群眾擔心《國歌法》會成為國民教育的「翻版」，《國歌法》條例草案提出篡改國歌曲譜、歌詞，以歪曲、貶損方式奏唱即屬犯罪。

《國歌法》於 2017 年 9 月 1 日第 12 屆全國人民代表大會常務委員會的會議通過，全國人大常委會 2017 年 11 月 4 日通過將《國歌法》列入《基本法》附件三。而 2018 年 3 月政府就《國歌法》本地立法交代概要，並計劃 7 月交上立法會首讀。草案最終在 2019 年於立會首讀，相關法案委員會 5 月下旬已完成審議，準備將草案於 7 月大會休會前恢復二讀，但反送中運動一事，令特首林鄭月娥暫緩二讀，並押後

到下個立法年度才恢復二讀辯論。

事實上，內地《國歌法》全文共有十六條，根據香港實際情況作出修訂，第一條提到要維護國歌尊嚴、弘揚愛國主義精神、培育和踐行社會主義核心價值觀等，但由於香港實行資本主義制度，故會刪去社會主義字眼。

而另一爭議，內地《國歌法》規定須納入中小學教育，當中提到「中小學應當將國歌作為愛國主義教育的重要內容，組織學生學唱國歌，教育學生了解國歌的歷史和精神內涵、遵守國歌奏唱禮儀。」，但香港草案不會用上「愛國主義」字眼，但保留中小學需教國歌、了解國歌精神和歷史，並遵守奏唱國歌禮儀。同時，草案亦訂明教育局局長會訂立指引在中小學推廣國歌教育，但以教導形式為主，不會有罰則。

政制及內地事務局局長聶德權亦曾強調，條例草案的主要精神是「尊重」，讓公開及故意侮辱國歌的人士負上刑責，以起阻嚇作用，強調國歌法並非洪水猛獸，重申市民毋須擔心誤墮法網。

每個國家都有國民教育？

時任香港特首梁振英於 2012 年 10 月宣布取消德育及國民教育科 3 年開展期的規定，大學團體及學校可自行決定是否獨立成科，自此德育及國民教育科再未有提起過；而事實上，不少國家對於是否實行國民教育，仍在爭議中。

■日本

2006 年，日本參眾兩院通過《教育基本法》修正案。此法案鼓勵教師向學生灌輸愛國主義和尊重日本傳統文化，將「熱愛國家」作為教育的目標。

■英國

英國政府自 2002 年起把公民教育列為英格蘭地區中學的必修科和小學的選修科，鼓勵學生尊重和批判不同意見、信念、身分和價值，同時學習到公民權責、司法和議會民主制度、對外關係等知識，並思考不同的社會和道德問題。至 2007 年，英國新修訂的課程教育規定，11 至 14 歲的中小學生要學習「英

國價值觀」以及「屬於英國的國民」。2011年，英格蘭檢討國家課程，研究將公民教育不再列為必修科。

■美國

美國公民教育中心於1994年發表了《公民與政府的國家標準》，明確描述「公民責任」，包括個人對家庭、朋友、社會、國家的責任、尊重別人的權利、誠實、尊重法律、批判思維、公民思維、愛國心等。雖然美國大部分州份都有制定公民教育政策，但公民教育大都不屬必修科目，現時學校主要透過歷史、公民或社會教育科教授公民教育。

■澳洲

1994年澳洲政府的「公民專家小組」報告，不建議把公民教育列為必修科，只建議把公民教育融入中小學歷史、社會教育和經濟等科目裏。在1997年開始實行「探索民主計劃」，透過公民教育課程和教材讓學生認識澳洲的政治社會情況和民主制度，同時亦有國民教育課題，例如國旗國歌的意義，鼓勵討論和評價它們的好壞。

總結

　　香港重推國民教育是否必然失敗？部分港人對國民身分認同感太低，把《國歌法》立法或重推德育及國民教育科，視為洪水猛獸，這些反對可能是來自對中國政府與香港政府的不信任，擔心一國兩制名存實亡。身分認同是由人們自發期望自己屬於該群體而產生，香港政府是否應考慮讓香港學生了解更多中國與香港之間的關係，先化解當中的矛盾，從而提高中國人及香港人的身份認同，這樣的國民教育才可能有一個穩固的起點。

我們的國旗、國歌和區旗

2020 增訂：

2020 年 6 月國歌法的立法工作終於順利完成，《國歌條例》加上原先的《國旗及國徽條例》，使得維護代表國家形象、象徵國家主權和尊嚴的法律形成完整體系。

《國歌條例》旨在維護國歌的尊嚴，規範奏唱、播放和使用，增強公民的國家觀念，以及弘揚愛國主義精神。從教育專業的角度看，以上兩項法律的制定，強化了國家概念，強調「一國兩制」的前提條件是「一國」。沒有國，哪有香港這個家。

隨着《香港國安法》及《國歌條例》生效，相信大家未來都可以在一個安全穩定的社會環境下生活，對國家、對民族有更明確的感知。

法例拆解 Q&A

Q：焚燒國旗及國徽、區旗及區徽，會受到哪些法例規管？

A：《基本法》規定香港特別行政區除懸掛中華人民共和國國旗和國徽外，還可使用香港特別行政區區旗和區徽。根據香港法例A401章《國旗及國徽條例》和A602章《區旗及區徽條例》於一九九七年七月一日生效，就着在香港特別行政區使用和保護國旗、國徽、區旗及區徽訂定條文。

根據《國旗及國徽條例》第七條「保護國旗、國徽」，任何人公開及故意以焚燒、毀損、塗劃、玷污、踐踏等方式侮辱國旗或國徽，即屬犯罪，一經循公訴程序定罪，最高可處以罰款五萬元及監禁三年。第四條亦指，不得展示或使用破損、污損、褪色或不合規格的國旗或國徽。

而《區旗及區徽條例》條例附表三「區旗及區徽展示及使用辦法」，指為了維護香港特別行政區區旗、區徽的尊嚴，提到區旗、區徽正確的使用辦法，第一項就是「香港特別行政區區旗、區徽是香港特別行政區的象徵和標誌。每個香港居民和團體都應當尊重和愛護區旗、區徽」。

國旗及區徽條例

小知識

國旗與區旗的規格

國旗規格

國旗的形狀、顏色兩面相同，旗上五星兩面相對。以旗桿在左之一面為說明之標準。旗面為紅色，長方形，其長與高為三與二之比，旗面左上方綴黃色五角星五顆。一星較大，其外接圓直徑為旗高十分之三，居左；四星較小，其外接圓直徑為旗高十分之一，環拱於大星之右。旗桿套為白色。

中國國旗規格

香港特區區旗規格

區旗規格

區旗的形狀、顏色兩面相同，旗上紫荊花兩面相對。以旗桿在左之一面為說明之標準。區旗旗面為紅色，以中華人民共和國國旗紅為標準。區旗旗面呈長方形，其長與高為三與二之比，區旗旗面中繪有一朵白色動態五瓣紫荊花，其外圓直徑為區旗旗高的五分之三。各花瓣圍繞區旗旗面中心點順時針平均排列，在每片花瓣中均有一顆紅色五角星及一條紅色花蕊，紫荊花中心點位於區旗旗面中心，旗桿套為白色。

？ 思考

1. 「香港人」、「中國人」、「香港的中國人」及「中國的香港人」四者中，你會選擇那個自己認同的身分？
2. 你認為德育及國民教育科應該定為必修科嗎？

第 **8** 章

通識教育
運動的一個

是反送中催化劑

　　《逃犯條例》修訂風波再度令香港中學文憑考試通識教育科受熱議，原意是希望透過課程會更瞭解香港社會、中國發展，並培養學生批判性思考，強調多角度觀點，但由於通識教育科無統一教材、無標準答案，內容亦由老師跟據六個單元範疇自行修訂，毋須送審教育局，故不少人認為通識教育科淪為有強烈政治立場的老師向學生洗腦的陣地，令學生思想趨於激進，亦無因而加深學生對中國的發展。全國政協副主席、前特首董建華在反修例運動發生後，提到其任內開始推動的通識教育是失敗，甚至是造成現時年輕人問題的原因，「我自己也睇漏了眼」，要想辦法改。究竟香港社會想要的又是怎樣的年輕人呢？

通識教育是否失敗？

淪為老師向學生洗腦的陣地

前突破機構總幹事梁永泰博士在 2004 年教育體制改革之時，曾強調通識教育科「重建香港的優勢，為未來的中國鋪路，建立高中與大學的通識教育。」但時至今日，通識教育科已在中學推行近十年，由 2012 年反對國民教育課程、2014 年雨傘運動到 2019 年反修例運動，只要是由青年作主導的社會運動，總有人怪罪於加入政治議題的通識教育科，甚至指是向學生洗腦，完全未能做到當初通識教育科開科的初衷。

通識教育科源起

時任香港特首董建華於 2004 年的施政報告中提到教育體制改革，並將於 2009 年開始，在中學逐步推行「3+3+4」學制，並於 2012 年在大學實行四年制，其中高中考試加入了通識教育科成為四大必修科目之一，課程有六個單元，包括個人成長與人際關係、今日香港、現代中國、全球化、公共衛生與生物科技及能源與環境。

而通識教育科早於 1992 年已加入香港預科課程，是香港高級補充程度會考選修科；而在 2003 年開設綜合人文科（中

四至中五）和科學與科技科（中四至中五）；故通識教育科各單元設計均沿襲和橫跨高考及會考多個課程。

2004 年教育統籌局諮詢文件中把通識教育科描述為：「學生修讀這科後，會更瞭解香港社會、中國的發展和在現代世界的地位、全球化，以及促進在社會、國家和全球層面的公民意識。」

教育局與香港考試及評核局在 2013 年推出了《通識教育科課程與評估資源套》，向老師提供各單元的教學重點。至於課程及評估指引由課程發展議會與考評局於 2007 年聯合編訂，並於 2014 年 1 月作首次更新，以落實新學制檢討中有關高中課程及評估的短期建議。

通識教育科以政治事件入題爭議

被視為「吹水科」的通識教育科，自首屆文憑試開始，除 2017 及 2018 年「去政治化」，每年通識科試卷都會以政治事件或政策內容入題，成為社會輿論的爭議。

2019 年文憑試通識教育科再度以政治事件或政策內容入

題，卷一「資料回應題」三條必答題中，就再現政治相關議題的題目，第一題以 2012 年及 2016 年立法會選舉結果，要求考生描述不同政治陣營的得票分布變化；並利用 2018 年 11 月補選後的本港立法會 (2016 至 2020 年) 議席分布資料，描述立法會組成的兩個主要特徵；亦問及行政長官不屬政黨成員如何有助及妨礙他履行管理香港職務。

2014 年中學文憑試通識教育科政治題目同樣備受爭議，卷一資料回應題以民間人權陣線及香港各界慶典委員會，在 2013 年元旦日各自舉辦元旦遊行的兩幅新聞照片，要求學生指出兩項香港政府管治的困難，但照片上示威群眾手持標語及旗幟均被刪去，而原圖中民陣橫額上描繪特首梁振英的政治漫畫，在試題中更被刻意「改圖」遮蔽。不少考生其後得知試題刪去政治漫畫等內容後，質疑題目是政治審查，但考評局則解釋是要「切合提問需要和聚焦」。

通識教育科淪為政治議題洗腦陣地？

自首屆文憑試通識教育科開始，以年輕人的大型示威接踵而來，不少人矛頭指向通識科是令香港年輕人變得激進的根源，

而通識教育科六個單元中的「今日香港」及「現代中國」涉及政治議題，有人就擔心通識科老師在教學、擬卷和批改時加入個人政治觀點，被指「逐漸淪為別有用心之人向青少年灌輸政治立場的工具」。

反修例運動引起的政治風波，延續至 2019 年開學年。網上流傳就流傳一張圖片，來自保良局何蔭棠中學一張中一級的中國語文科工作紙，當中有成語填充題：

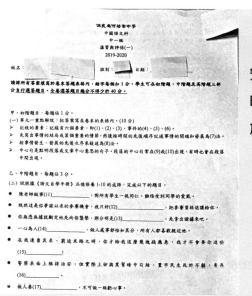

「警察表面上維持治安，但實際上卻與黑幫暗中勾結，置市民生死於不顧，真是＿＿＿＿。」

　　至於 2019 年中，網上亦流傳聖士提反書院的中一通識教育科試卷，以漫畫展示一名示威者被警察拘捕，其間高喊「佔領不是罪！我要真普選！」，(Occupying the street is not a crime？We want a genuine "one person one vote" for the Chief Executive)。其中一名警員則回應指：「你已被拘捕！」(You are under arrest！)，題目要求學生解釋示威者如何表達訴求，並解釋他所提出「真普選」有何好處。這條題目被網民指是「教育腐敗」、「黃絲教師全方位向學生洗腦，自細灌輸仇警、與政府對立思想」。

　　2017 年亦曾爆出一間中學的中四通識科試卷，根據「七警案」及隨後的警員大會擬題，被質疑煽動仇警情緒，試卷其中引用了兩段涉及「七警案」的資料，一則有關七名警員的判決，另

一則提及「七警案」判刑後引起「辱警罪」的立法討論，要求學生回答警察工會舉行的撐警員的集會如何違反香港法治精神。

另外，有多家出版社的新版通識教育科教科書，就被教育界反映在「今日香港」及「現代中國」兩個單元分冊有不少爭議內容，包括「香港回歸後，《基本法》的最終解釋權不在香港司法機構，卻屬全國人大常委會」；以漫畫形式，把中國軍艦在南海驅逐菲律賓漁船，與「六四事件」的「坦克人」一幕類比；要求考生參考加泰獨立公投、茉莉花革命及 2016 年立法會選舉，討論「在參與社會政治事務時，愈激進的方式成效愈大」。

外地通識教育成敗

■美國

通識教育是美國幾乎所有大學都要完成的課程，主要分為社會科學，自然科學，人文藝術，歷史政治等。學生可以通過在大學一、二年級通識教育課程的學習，先發掘感興趣的專業或領域，在進入大學三、四年級時選擇修習法律、醫學等本科。

■日本

日本設有通識教育代表性院系，例如東京大學教養系、上智大學國際教養系、國際教養大學等，近年不少高校亦陸續新開設通識教育的院系或專業，包括以理工科聞名的東京工業大學，於 2016 年亦開設了通識研究教育院。

■台灣

台灣的通識教育起源於國立臺灣大學，並於 1982 年成立「通才教育工作小組」負責規劃通識教育課程，其後開設「社會科學大意」和「自然科學大意」、「文學與藝術」、「歷史與比較文化」、「社會與哲學分析」、「數學與自然科學及應用科學」等五類通識領域，而台灣各大學相繼推出通識教育課程。然而，台灣通識課程所教的內容曾被指已與社會脫節，令學生缺乏深度思考的能力。

總結

通識教育科一直被指是政治騎劫、洗學生腦；亦有指是推動學生參與政治；甚至有指成為通識科老師灌輸政治立場的工具。通識教育科是否失敗、是否要全面檢討，定必成為日後課程改革的討論焦點。事實上，教育局就該科的課程及考核再啟動檢討機制，曾有指把文憑試只設「及格」和「不及格」，不再以1至5** 評級，又與出版通識教育科教材的書商開會，並達成共識，七家出版社把現行的通識教育科課本，送交當局接受「專業諮詢服務」。通識教育科何去何從，有關檢討及如何改革，2019年底或會有初步方案，莘莘學子又要再適應新學制。

2020 增訂：

通識科的問題在2020年仍然繼續惹起爭議，學校課程檢討專責小組在2020年9月22日向教育局提交檢討報告，建議維持通識科必修必考，但建議縮減課程內容，容許學生可選擇不進行獨立專題探究(IES)，並考慮將通識科教科書納入現行的課本送審機制。報告亦提出恆常檢視該科課程內容，認為新近發生的事件尚在發展，不適宜作題材，因為未能核實客觀程度及其可靠性。

法例拆解 Q&A

Q：哪些國家與香港簽訂刑事互助條例？

A： 根據《刑事事宜相互法律協助條例》（香港法例第 525 章）和《逃犯條例》（香港法例第 503 章）為香港與其他地方之間的刑事事宜法律協助及移交逃犯方面的合作，提供法律基礎。該兩條條例於 1997 年生效，目的是讓香港與其他地方透過合作打擊嚴重罪案，對刑事案件執行司法公義，防止罪犯潛逃從而規避法律制裁。至今，香港已與 32 個司法管轄區 1 簽訂刑事事宜相互法律協助協定，及已與 20 個司法管轄區 2 簽訂移交逃犯協定。

《刑事事宜相互法律協助條例》
全文

《刑事司法相互法律協助條例》	《逃犯條例》
阿根廷、比利時、瑞典、愛爾蘭、以色列、意大利、丹麥、西班牙、芬蘭、印度、印尼、南非、日本、馬來西亞、蒙古國、荷蘭、菲律賓、新加坡、波蘭、葡萄牙、大韓民國、斯里蘭卡、瑞士及烏克蘭。	澳洲、加拿大、馬來西亞、捷克、葡萄牙、大韓民國、芬蘭、新西蘭、斯里蘭卡、菲律賓、愛爾蘭、新加坡、印度、印尼、荷蘭、法國、德國及南非。

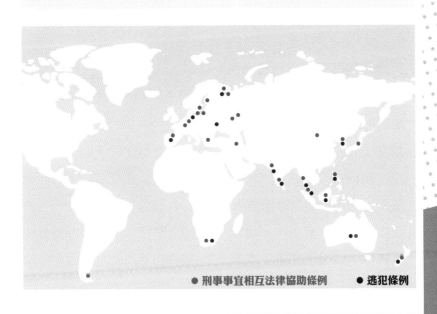

● 刑事事宜相互法律協助條例　　● 逃犯條例

小知識

《2019 年逃犯及刑事事宜相互法律協助法例（修訂）條例草案》引起了多次大規模遊行示威抗議，最終被正式撤回，條例草案當中究竟修改了什麼引起如此大爭議？

條例草案包括修訂《逃犯條例》及《刑事事宜相互法律協助條例》，《逃犯條例》修改了 4 條；而《刑事事宜相互法律協助條例》則修改了 3 條，將中國除外條款移除。

根據條例草案，《逃犯條例》在第 2 條新增了「特別移交安排」， 指符合以下規定的安排，即 (i) 香港政府及香港以外地方的政府；或 (ii) 香港及香港以外地方；及作出該等安排，是為了在特定情況下，移交因涉及有關罪行而被追緝以作檢控、判刑或強制執行判刑的一名或多於一名特定人士；而有關罪行是指符合以下兩項者，包括 (i) 屬違反香港或該地方的法律的罪行；及 (ii) 不屬以下情況的罪行：就該罪行而言，本條例中的程序憑藉根據第 3(1) 條作出而現正生效的命令適用於香港及該地方。

《逃犯條例》亦加入了第 3A 條「移交逃犯的特別安排」，當中「特別移交」的證明書由行政長官發出或根據行政長官的權限發出。至於，可以被特殊移交的罪刑包含，依移交地法律，所犯罪刑屬於判處超過 3 年的監禁或任何較重的懲罰；若該人的行為發生於香港，除了需要符合上述情況外，還需限定於附表中的 37 項罪行，並在香港可循公訴程序審訊。

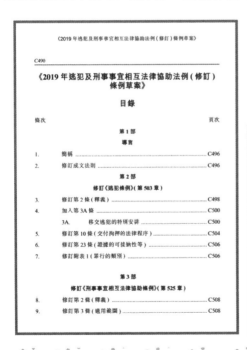

2019 年逃犯及刑事事宜相互法律協助法例（修訂）條例草案

? **思考**

1. 現時中學文憑試中的通識教育科並無統一教材及標準答案，你認為要重回考試主導模式嗎？

2. 中學文憑試通識教育科六個課題，包括個人成長與人際關係、今日香港、現代中國、全球化、公共衛生及能源科技與環境，你認為應否加入政治議題？

第 9 章

亂世用重典

出台的

《港區國安法》來龍去脈

　　根據香港《基本法》，香港 97 年回歸祖國後，應就維護國家安全自行立法。但自從 03 年 50 萬人上街大遊行後，有關基本法 23 條（即國安法）的立法工作就被長期擱置。近年來，「港獨」掀起風波，鼓吹分裂國家的行動越來越明顯，特區政府受限於現行法例而難以處理，中央政府於是實施《港區國安法》，在香港和國際社會引起了巨大迴響。

香港反修例運動後？

政客跑到外國呼籲制裁香港

府重申「港區國安

無損港人
各項權利自由

港區國安法

中央為香港局勢開出《港區國安法》的重藥,並非一時衝動,而是始於港大法律系副教授戴耀廷於 2014 年發動的「佔領運動」。在此之前,香港政局仍然處於和平理性非暴力的階段,但在戴耀廷不斷鼓吹違法抗爭下,開始出現外國顏色革命的影子,希望以民眾運動方式推翻本地政權。

2019 年 6 月,香港爆發反修例運動,並在之後的一年多出現逾 1400 場示威、遊行和公眾集會。期間,「港獨」分子越來越明目張膽地進行分裂活動,在人群中舉起「港獨」旗、美國旗、英國旗、港英旗、龍獅旗等,高叫「港獨」口號。

隨著反修例運動愈演愈激進和暴力,一些香港政客和外部勢力的互動也日益頻繁,甚至還公然跑到外國呼籲制裁香港和中國,揚言要攬炒,推翻特區管治。

譬如,2019 年 6 月 28 日,20 國集團峰會在日本大阪舉行,「港獨」分子陳浩天及多間本港大專院校的代表赴大阪,聯同其他團體召開記者會、舉行集會,促請參與峰會的領袖向中國施壓,呼籲所有國家對中國及香港實施制裁。

2019 年 7 月 8 日，壹傳媒創辦人黎智英赴美與美國國務卿蓬佩奧和美國副總統彭斯會面，討論修訂《逃犯條例》的發展及香港在「一國兩制」框架下的自治地位。

2019 年 9 月 17 日，黃之鋒、何韻詩等在美國國會作證，呼籲通過「香港人權及民主法案」。該法案於 2019 年 11 月由美國總統特朗普簽署生效。

2020 年 3 月 10 日，「香港眾志」及大專學界國際事務代表團等 50 多個組織向蓬佩奧發聯署信，建議美國將全面民主化列入「香港人權與民主法案」未來年度認證條件，並要求美方啟動制裁程序，以防人權狀況進一步惡化。

2020 年 5 月，黎智英接受台灣媒體採訪時宣稱，很想受 CIA（美國中央情報局）、美國、英國等外國「影響」，「他們的支持」是「我們撐下去的唯一（理由）」。

令人擔憂的是，近年「港獨」也逐漸蔓延至校園。自稱成員多為中學生的「學生動源」，曾呼籲全港中學生於校內成立

「本土關注組」,將「港獨」聲音滲入校園每個角落,教唆學生成為分裂國家的生力軍。香港各大學學生會更淪為「港獨」大本營,如港大在 2020 年 5 月進行學生會內閣選舉,當中候選內閣「嶸希」候選會長葉芷琳聲稱「『港獨』是最理想的出路」,其政綱亦提出「港人須擺脫『一國兩制』框架,積極探討主權」。另外,中大、城大、浸大的現屆學生會內閣亦曾先後表態支持「港獨」。

有見香港反對派與外部勢力合謀,一步步推動「港獨」,極大地破壞香港的法治和穩定,對國家造成安全的威脅,中央政府決定制定《港區國安法》,以確保香港的穩定和國家的安全。

2020 年 5 月份,全國人大政協兩會在北京召開。5 月 18 日,全國人大常委會會議聽取和審議《國務院關於香港特別行政區維護國家安全情況的報告》,認為有必要從國家層面建立健全特別行政區維護國家安全的法律制度和執行機制,同意根據《憲法》和《基本法》,由全國人大常委會法工委擬訂《港區國安法》草案,並由全國人大常委會提請全國人大會議審議。

5月22日，全國人大常委會副委員長王晨在全國人大會議上說明《港區國安法》草案內容，形容香港維護國安機制明顯不健全、不適應，需改變國安領域長期「不設防」，並指中央「維護國家安全的有關機關」可以根據需要在香港設立機構，依法履行維護國家安全相關職責等。

5月28日，全國人大代表小組會議審議《決定草案》建議表決稿。同日，全國人大會議以2878票贊成、1票反對、6票棄權、1人未有按鍵下，表決通過《決定草案》。議決由全國人大常委會制定相關法律並列入《基本法》附件三，直接在香港頒佈實施，而毋須經過香港立法會。

6月30日，全國人大常委會以162全票通過《港區國安法》和《全國人民代表大會常務委員會關於增加〈中華人民共和國香港特別行政區基本法〉附件三所列全國性法律的決定》。國家主席習近平簽署第49號主席令予以公布，自公布之日起施行。

全球多國均有國安法

《港區國安法》提出，要依法、防範、制止及懲治危害國家安全的行為及活動；強化執法力量、在港設立維護國家安全的機構及執行機制；行政長官須履行維護國家安全職責、開展國家安全推廣教育，並定期向中央人民政府提交報告。

至於《港區國安法》的重點，主要是針對四類行為，要制定相關法律，切實防範、制止任何分裂國家、顛覆國家政權、組織實施恐怖活動及外國和境外勢力幹預香港特別行政區事務的活動。

中央此番主動出手制定《國安法》和執行機制，在香港引起巨大迴響，有人反彈，有人擔憂，亦有人支持。但一個不爭的客觀事實是，《國安法》本身在全球範圍內並不是新鮮事，如澳洲有兩部國安法，英國有 3 部，加拿大有 5 部，而僅美國一家就有多達 20 部。

■美國

美國國內有不少保障國家安全的法案，如《美國法典》 第 18 章第 2385 條的顛覆政府罪，使用以武力推翻美國聯邦政府或州政府，最高刑罰為 20 年監禁。另外，在《美國法典》第 18 章第 2383 條，條例規定煽動他人進行任何針對美國權力當局的叛亂或騷亂， 最高可判囚 10 年。

> 美國聯邦調查局（FBI）隸屬於美國司法部，除了境內的大型案件、情報蒐集外，更會協助追捕境內恐怖分子。美國同時有一個對外的中央情報局 (CIA) ，專門負責收集情報及在海外展開特別行動。CIA 不隸屬於任何部門，行動直接向美國總統匯報。

■英國

根據《英國叛逆重罪法 1848》第 3 條規定，任何人將英皇推翻、宣戰以及鼓動外國勢力侵略英國或屬土，一經定罪將被終身流徙。

> 英國的情報局為軍情五處 (MI5) 是英國國內的反情報及國家安全部門，即有別稱「英國安全局」。雖然軍情五處由內政大臣領導，但它卻不隸屬於英國內政部。調查人員可以按需要，要求警方協助進行任何拘捕行動。英國另外一個秘密情報機構 (MI6) 則負責海外秘密情報收集及相關行動。

■德國

根據德國《刑法》第 94–99 條規定，但凡洩露、公開、刺探、收集、傳遞國家機密、從事諜報活動等行為均以叛國罪處罰，按不犯罪情節，分別可被判處 6 個月至 10 年不等的徒刑。

■加拿大

根據《加拿大刑法》第 46 條，任何人密謀叛國或以武力或暴力為
目的推翻加拿大政府或某省，在戰時狀態下即被判終身監禁，一
般情況下則最高為 14 年監禁。

■日本

日本仍確保了其《刑法》第二編第三章 81 條至 89 條內規定的「外
患罪」。1947 年，日本仍然維持 81 條、82 條「外患誘致」、「外
患援助」兩罪，其行為分別為聯絡外國勢力，對日本行使武力、
危害安全以及聯絡外國勢力，參加敵對國軍事組織。「外患誘致」
為日本現行刑法最嚴重之罪名，罪犯將判處死刑；「外患援助」
判處兩年以上至無期「禁錮」徒刑，最高死刑。

■新加坡

根據《刑法（第 224 章）》第六章的危害國家罪，任何人參與了
對政府的起義，犯罪行為是針對總統個人，可處無期徒刑或最高
20 年的有期徒刑。
新加坡亦於 1985 年修訂《國內安全法》，賦予執法部門更大權力，
以防止顛覆活動、鎮壓有組織的暴力行為。當中包括：政府可以
不經審判，直接逮捕可能對新加坡內部安全構成威脅的可疑分子。
拘押過程每次最長兩年，可被延長。被拘留者每 12 個月可接受一
次審查。

總結

　　《港區國安法》生效以來，警方已拘捕超過 20 名涉嫌違反該法的人士，對反對派起到很大的震懾力，不少「港獨」分子陣腳大亂，多名曾提倡香港獨立或民主自決的政治人物在法例正式實施前後紛紛潛逃至海外，包括前香港眾志常委羅冠聰、「香港獨立聯盟」召集人陳家駒、「學生動源」前成員劉康。連早前因涉違反《港區國安法》而被拘捕，獲保釋候查的黎智英也在一個網台節目中直認，如被捕後要到內地審訊，「我都腳軟」。

國家安全法
National Security Law
保一國兩制　還香港穩定
Preserve One Country, Two Systems
Restore Stability

部份國家的《國安法》參考

 美國

《間諜法》《國家安全教育法》《外國情報偵察法》《反經濟間諜法》
《外國使團法》《國家防務教育法》《國家安全法案》《煽動叛亂法》
《美國法典》《國土安全法》《外國代理人登記法》《中央情報局法》
《網絡安全信息共享法》《保護美國法》《12333 號總統行政指令》
《2001 美國愛國者法》《外僑登記法》《反情報和安全促推法》
《國土安全信息共享法》《13355 號行政命令加強情報界管理》

英國

《反間諜法》《2019 反恐和遙境安全法案》《外國人限制修改法》
《政府保密法》《謀反叛國法》《英國叛逆重罪法》

加拿大

《國防法》《加拿大聯法法典》《加拿大安全情報服務法》
《通訊安全設施法》《安全空中旅行法》《安全資訊共享法》
《2017 國家安全法案》

澳洲

《聯邦刑事法》《外圈影響力透明化法案》
《國家安全法修正案（間諜活動及外國干預）法案》

新加坡

《國內安全法》《刑事罪行法典》的「叛國罪」及「顛覆罪」

日本

《特定秘密保護法》《組織犯罪處罰虛修正案》
《刑法》的「內亂罪」「外患罪」及「騷擾罪」

法例拆解 Q&A

Q：《港區國安法》實施後，是否會損害港人的遊行示威、新聞、言論等自由？

A：《港區國安法》第一章總則第一條指出，港區國安法只約束四類嚴重危害國家安全的行為和活動，只要不觸犯法律定義的分裂國家罪、顛覆國家政權罪、組織實施恐怖活動罪和勾結外國或境外勢力危害國家安全罪，就毋須擔心。

《港區國安法》第一章總則第四條也特別提出，香港特區維護國家安全應當尊重和保障人權，依法保護香港特區居民根據香港特區基本法和《公民權利和政治權利國際公約》、《經濟、社會與文化權利的國際公約》適用於香港的有關規定享有的包括言論、新聞、出版的自由，結社、集會、遊行、示威的自由在內的權利和自由。

Q：《港區國安法》通過後，使用社交媒體將受到制約？

A：完全不受影響。《港區國安法》只針對極少數人和少數幾類嚴重危害國家安全的行為、活動，不會針對大多數公眾。市民可如常使用 Facebook、Instagram、Whatsapp 等社交媒體和通訊工具，通信、言論自由等權利完全得到保障。

Q：《港區國安法》立法後，港人出國旅行及開展宗教對外交往活動會受到影響？

A：不會。基本法保障港人出入境自由，出外旅行、移民以及開展正常對外交往和國際合作完全不受影響。不論是全國人大立法維護涉港國家安全，還是香港開展「23 條」立法，所有法律賦了香港市民的權利和自由均不會被削弱。

小知識

1、國家安全定義

國家安全（英語：National Security）簡稱國安，泛指透過使用經濟、軍事、政治、外交等各種手段，來維護國家的持續存在。在過去，國家安全泛指以國防維持領土的完整，與政治上的獨立自主，不受任何外來軍事勢力的威脅。在今日則包括了任何以非軍事的方式，去對抗非傳統的外來或內部威脅，守護國民的生命與財產，使國民免於憂慮、免於恐懼與免於匱乏。

2、《港區國安法》與《基本法》第 23 條的分別

《基本法》第 23 條列明，香港特別行政區應自行立法禁止任何叛國、分裂國家、煽動叛亂、顛覆中央人民政府及竊取國家機密的行為，禁止外國的政治性組織或團體在香港特別行政區進行政治活動，禁止香港特別行政區的政治性組織或團體與外國的政治性組織或團體建立聯繫。《港區國安法》與之相比，並未有涵蓋「叛國」、「煽動叛亂」以及「竊取國家機密」的行為。

3、《港區國安法》違反《中英聯合聲明》，違反中方國際義務？

《中英聯合聲明》是中英間關於中國收回香港及有關過渡期安排的重要文件，共有八條正文和三個附件。第一條規定中國對香港恢復行使主權，第二條規定英國將香港交還給中國。《中英聯合聲明》無賦予英國在香港回歸後對港承擔任何責任和幹預事務的權利。隨著 1997 年香港回歸中國，《中英聯合聲明》中所規定的與英方有關的條款已全部履行完畢。

4、首宗違反《港區國安法》案件

在《港區國安法》實施的翌日即 7 月 1 日，有網民發起在港島區遊行。23 歲的日本餐廳男侍應唐英傑，因涉嫌當天駕駛插有「港獨」旗幟的電單車在灣仔展示，以及撞傷多名警員，被警方即場拘捕，之後被控煽動他人分裂國家及恐怖活動兩罪，成為首宗違反《港區國安法》案件。唐早前先後申請保釋及人身保護令皆被駁回，一直羈押候審。

《港區國安法》內容簡要

（一）4 類罪行
1 分裂國家罪。
2 顛覆國家政權罪。
3 恐怖活動罪。
4 勾結外國或者境外勢力危害國家安全罪。

（二）中央在港設立維護國家安全公署
- 就維護國家安全重大戰略和重要政策提出意見和建議。
- 監督、指導、協調、支持香港履行維護國家安全的職責。
- 收集分析國家安全情報資訊。
- 依法辦理危害國家安全犯罪案件。
- 現任公署署長為鄭雁雄。

（三）香港設立維護國家安全委員會
- 由特首擔任主席，成員包括三名司長、保安局長、警務處長、入境事務處長、海關關長等。
- 國安委下設秘書處，秘書長由特首提名，報請中央任命；亦會設由中央指派的國家安全事務顧問。現任國家安全事務顧問為中聯辦主任駱惠寧。
- 職責包括分析研判香港維護國家安全形勢、規劃有關工作，以及制定香港維護國家安全政策等。

（四）管轄權

- 駐港國家安全公署和國家有關機關在特定情形下，對極少數危害國家安全犯罪案件行使管轄權。
- 除特定情形外，香港對涉及港區國安法的犯罪案件行使管轄權，包括立案偵查、檢控、審判和刑罰的執行等。
- 警務處設立維護國家安全的部門——國家安全處，配備執法力量。國家安全處現由警務處副處長（國家安全）劉賜蕙領導，向警務處處長負責。現任國家安全處處長是警務處高級助理處長蔡展鵬。
- 律政司設立專門的國家安全犯罪案件檢控部門，負責危害國家安全犯罪案件的檢控工作。

（五）審訊

由特首從現任或符合資格的前任裁判官、區域法院法官、高等法院原訟庭、上訴庭及終審法院法官中，指定若干名法官負責審理。

? 思考

1. 《港區國安法》的實施，令香港得以保持良好營商環境，增強外來投資者信心，還是削弱了外商投資信心、損害香港國際金融中心地位？

2. 歐美國家也有實施國安法，為何他們會反對《港區國安法》？當中是否持有雙重標準？

法律專家答疑
香港國安立法20問

What You Should Know about the NPC's Draft Decision on HK National Security Legislation

香港通問世

Hong Kong's Tomorrow Concern Group

中央國家安全委員會

| 監督問責 |
| 指派顧問（提供意見） |

駐港國安公署

1. 研究形勢提出意見和建議
2. 監督指導協調支持香港履行職責 ●
3. 收集分析情報
4. 依法辦理案件

（國安部）具執法力

（國安檢控部）相關案件

香港國安架構圖

香港國安委
主席：特首

- 秘書處←
- 行政長官辦公室←
- 海關←
- 入境事務處←
- 國安部←
- 警務處←
- 保安局←
- 律政司←
- 財政司←
- 政務司←

國安為職責

1. 分析研判形勢
2. 規劃工作
3. 制定政策
4. 建設制度和執行機制
5. 協調工作或行動

1. 分裂國家
2. 恐怖活動
3. 顛覆國家政權
4. 勾結外國境外
   勢力危害國安

律政司負責檢控

高等法院（國安特別法庭）← 特首指定某些法官

香港終審法院

極特殊涉國防外交事務的
案件或轉內地法庭審理

跟 2014 年雨傘運動相似，在過去超過一年的
「反修例活動」當中，不同人士者在日常溝通
或網上交流期間，創造了不少潮語詞彙，文宣
製作亦因而豐富起來。

這些詞彙有隨著事件發生而演變的，例如有了
「藍絲黃絲」，之後再有「綠絲」，有因為個
別事件而創造出來的，例如「私了」。部份詞
彙可能從字面上已經理解到，某些可能要旁敲
側擊才能猜出當中意思，我們將部分詞彙整理
並作出簡介。

詞彙釋義

五大訴求 缺一不可

粵 ng daai sou kau kyut jat bat ho

》【名】1. 撤回逃犯條例 2. 收回暴動定性 3. 撤銷檢控示威者 4. 成立獨立委員會 5. 實行雙真普選

藍絲

粵 laam si

》【名】代表支持《逃犯條例》

掛藍絲 受人權法保障

網絡圖片

黃絲

粵 wong si

》【名】代表反對《逃犯條例》

戴黃絲「被辭職」

網絡圖片

綠絲

粵 luk si

》【名】對《逃犯條例》持中立意見

曱甴

粵 gaak gaat

》【名】罔顧法紀的示威者

廢青

粵 fai cing

》【名】頹廢、不務正業、一事無成的青年

廢老

粵 fai lou

》【名】經常緬懷昔日光輝，藉當年身份向青年指指點點

裝修

粵 chong sau

》【名】暴徒對破壞公物，商店或設施的藉口，用來把非法說成合理化

手足

粵 sau juk

》【名】於社會運動期間對持有同樣想法的人的稱呼

文宣

粵 man syun

》【名】文字宣傳，或會配搭插圖或相片

火魔法師

粵 fo mo faat si

》【名】指掟汽油彈、縱火的示威者

詞彙釋義

接放學
粵 zip fong hok

》【動】反修例運動後援白發擔當「家長」義載「學生」示威者回家

以眼還眼
粵 ji ngaan waan ngaan

》【動】一名女子在反修例運動警民衝突中，聲稱被警方射爆右眼，消息傳出後引發群眾不滿，要求警方「以眼還眼」

止暴制亂
粵 zi bou zai lyun

》【動】中央政府在深圳召開座談會時，就反修例運動事件，正式提出「止暴制亂」的要求，是目前特區政府最重要任務

黨鐵
粵 dong tit

》【名】諷刺「港鐵」為中國共產黨服務，協助香港警方打壓示威，成為「黨鐵」

黑警
粵 hak ging

》【名】諷刺背叛警局犯罪的警察

白警
粵 baak ging

》【名】指有良心的警察，與黑警相反

連儂牆
粵 lin nung coeng

》【名】2014年雨傘運動，市民將民主普選寫在 Memo 紙並貼在牆上，這幅貼滿 memo 紙的牆被稱為連儂牆2019年反修例運動，連儂牆再度出現並散佈於香港各區

天使
粵 tin si

》【名】有未成年少女被指充當「天使」獻身「慰勞」示威者

和理非
粵 wo lei fei

》【名】和平、理性、非暴力的縮寫。

網絡圖片

詞彙釋義

衝衝子

粵 cung cung zi

》【名】反修例運動中的前線示威者

護旗手

粵 wu kei sau

》【名】指保護國旗的人，即愛國者

網絡圖片

私了

粵 si liu

》【動】私下解決某些事情

網絡圖片

豬嘴

粵 zyu zeol

》【名】防毒面罩或者防毒面具

義士

粵 ji si

》【名】維護反修例運動的正義人士

發夢

粵 faat mung

》【動】在反修例運動中意指把真實的情況比喻在夢境發生，意圖逃避法律責任

港獨

粵 gong duk

》【名】指追求香港脫離中華人民共和國，而建立獨立主權

願榮光歸香港

粵 jyun wing gwong gwai hoeng gong

》【名】反修例運動示威歌曲

攬炒

粵 laam caau

》【名】兩敗俱傷的意思

網絡圖片

撕紙狗

粵 si zi gau

》【名】諷刺在連儂牆撕紙的人

網絡圖片

起底

粵 hei dai

》【動】找出目標人物的電話號碼、地址、學校、相片等個人資料

鳥師

粵 si

》【名】執行「私了」行為的人士，之後亦有延伸不同稱謂，包括所謂火魔法師

網絡圖片

洗版

粵 sai baan

》【動】在社交網站或網上討論區上載和傳閱令目標人物的資料、相片及短片等

公審

粵 gung sam

》【動】開設群組或網上討論區對目標人物進行批評及圍攻

大台

粵 daai toi

》【名】總指揮，總策劃。2019 年的反修例示威者堅稱沒有大台

左膠

粵 zo gaau

》【名】左膠（英語對應詞：Leftard）是 2010 年後出現於香港媒體及網路社群的政治術語，常泛指不現實的左翼分子或只講理想的左翼分子，而不是指傳統親中共的香港親共人士

網絡圖片

詞彙釋義

顏色革命

🔊 ngaan sik gaak ming

》【名】2014 年雨傘運動和 2019 年反修例運動被視為 有外國干預的顏色革命

Yellow Object

🔊 Yellow Object

》【名】反修例運動中，一 名身穿黃衫市民疑被警員 用腳踢，並被拍下短片。 其後警方召開記者會稱 影片中只見到警員踢向 Yellow Object

TG

🔊 TG

》【名】Tear Gas 的簡稱， 意指催淚彈

Be Water

🔊 Be Water

》【名】李小龍的名言，在反 修例運動期間，示威者以 此互相提醒大家要像水一 樣能進能退，能聚能散

FC

🔊 FC

》【動】Fact Check 的簡稱， 意指事實查核，確認資訊 的真實性及正確性

Telegram

🔊 Telegram

》【名】加密通訊軟件，備有 多個保障私隱及認證功 能，更備有加密鎖，是反 修例運動示威者互通消息 的途徑

Green Object

🔊 Green Object

》【名】以 Green Object 來稱 呼穿綠衣的警員，藉以諷 刺警方

PoPo

🔊 PoPo

》【名】指警察

Full Gear

🔊 Full Gear

》【名】指全副裝備，戴上面 罩、眼罩、頭盔等。

Pepe

🔊 Pepe

》【名】網上漫畫角色 Pepe 「青蛙」成為反修例運動 二次創作插圖

網絡圖片

「對很多香港人來說，我們這個城市變得很陌生。」曾經是發揚包容共濟的獅子山精神的香港，一場反修例運動竟令香港變成如此負能量，當中充滿失望、無奈、憤怒、仇恨，甚至無力感，更嚴重撕裂了社會。行政長官林鄭月娥競選口號由「同行 We Connect」，現卻被形容是 Disconnect、離地，這種深層次的矛盾，今天不少香港人心裏都不禁會問，我們還能回到過去的香港嗎？

反修例運動的初衷是反對修訂《逃犯條例》，但隨着林鄭月娥宣布修例「壽終正寢」，其後更正式撤回修例。修例「已死」，其實還要反什麼呢？林鄭月娥曾表示特區政府需要負上最大責任，不過她強調香港最重要是「一國兩制」，而「一國兩制」都有底線，就好像每一個人都有底線。而撤回修例已是特區政府的最大讓步，正式為這條爭議草案畫上句號。

然而，無論是藍絲還是黃絲，事情發展步入即將半年，在這百多天內，市民或會感到生活在惶恐之中，每當外出都要留意網上傳出的「示威日程表」。由示威遊行、在連

儂牆貼上訴求，由和平行為演化到屢爆街頭抗爭，「勇武派」穿上黑衣、口罩、面罩等毀公物製武器，交通近乎癱瘓，經濟下滑，而催淚彈、汽油彈橫飛，警民對立不斷加深。

有人歸究是通識教育的失敗，國民教育的不足，造成今日青年問題的成因，導致出現反修例運動。但這些來自青年的反對聲音，或許是他們對中國政府與香港政府的不信任，甚至對於中國人的身份不認同，撕裂背後是長期積累的民怨的徹底爆發，當中深層次的矛盾要化解，並非「頭痛醫頭、腳痛醫腳」，而是要找出問題根源，在政治及社會各方面對症下藥，調整政策。

在 2018 年施政報告中，林鄭月娥強調：「我們的教育政策目標，是培養青年人成為有素質的新一代，對社會有承擔、具國家觀念、香港情懷和國際視野。」今日的香港、今日的教育，青年的未來會如何？相反的意見，你又願意去聽、去化解嗎？

施芷珊
2019 年 11 月

附註

「Press Pass / Accreditation」，Ministry of Communications and Information，https://www.mci.gov.sg/press-services/press-pass-accreditation/press-pass-accreditation

「怎麼辨識記者身份？有官方簽發的記者證嗎？」，《輕新聞》，https://www.litenews.hk/【週末話題】怎麼辨識記者身份 %ef%bc%9f 有官方簽發的記 /

『為美國大選量身定制？ Google News 新增「事實查核」標籤』，《端傳媒》，https://theinitium.com/article/20161014-dailynews-google-fact-check/

求驗傳媒 facebook，https://www.facebook.com/kauyim/posts/2268678793208323?comment_id=2268695073206695&reply_comment_id=2269353533140849&comment_tracking=%7B%22tn%22%3A%22R%22%7D

「逃犯條例事件：香港網絡『假新聞』之爭」，《BBC NEWS 中文》，https://www.bbc.com/zhongwen/trad/chinese-news-48801085

求驗傳媒 facebook，https://www.facebook.com/kauyim/photos/a.693958160680402/2230816593661210/?type=3&theater

\# 求驗傳媒 facebook，https://pt-br.facebook.com/kauyim
/posts/2426019717474229

\#「親建制 fb 專頁盜用新聞片自行加旁白 有線怒斥蓄意誤導
公眾兼侵權」，《蘋果日報》，https://hk.news.apple
daily.com/local/realtime/article/20190622/59746880

\#《中央焗搞「港區國安法」》，東周刊 2020 年 5 月 27 日，
第 874 期，p20—22 頁

\#《政治部翻生，神秘運作揭秘》，東周刊，2020 年 6 月 3 日，
第 875 期， p20—22 頁

\# 求驗傳媒，facebook，https://www.facebook.com/
kauyim/posts/2423527751056759/

\#「Facebook 在港引入 Fact Check 機制　夥法新社打擊假新
聞」，《香港經濟日報》，https://inews.hket.com/article/
2445269/Facebook 在港引入 Fact%20Check 機制 %E3%
80%80 夥法新社打擊假新聞

\#「新加坡《防網絡操縱法》發假訊息最高囚十年」，《星島日
報》，https://www.singtao.ca/3440021/2019-05-10/
post- 新加坡《防網絡操縱法》%e2%80%82 發假訊息最
高囚十年 /

附註

「為什麼人們會集體記錯一件事情呢？」，《香港 01》，
https://www.hk01.com/01 博評 – 百科 /122223/ 曼德拉
效應 – 博評 – 為什麼人們會集體記錯一件事情呢

「香港示威：推特與臉書封「假新聞」賬號 指中國官方幕
後主導」，《BBC NEWS 中文》，https://www.bbc.com/
zhongwen/trad/world–49402566

「已 Fact Checked? 3 招教你查閱 Facebook 資訊來源」，
https://moredigital.com.hk/2019/08/02/ 已 fact–chec
ked–3 招教你查閱 facebook 資訊來源 /

「美德日設專法 對抗假消息」，《自由時報》，https://
news.ltn.com.tw/news/focus/paper/1244059

「林穎禎：典範還是金蘋果？台灣學習德國言論管制前，是
否想清楚了？」，《端傳媒》，https://theinitium.com/
article/20190110–opinion–taiwan–law–on–fakenews/

施政報告 2007–2008，https://www.policyaddress.gov.
hk/07–08/chi/p116.html

施政報告 2009–2010，https://www.policyaddress.gov.
hk/09–10/chi/p116.html

市民的身份認同感，香港大學民意網站，https://www.hkupop.hku.hk/chinese/popexpress/ethnic/

立法會參考資料摘要《國歌條例草案》，https://www.legco.gov.hk/yr18-19/chinese/bills/brief/b201901111_brf.pdf

#「聶德權：非以懲罰市民為目的學生侮辱國歌交校方處理」，《香港01》，https://www.hk01.com/政情/287841/國歌法－聶德權－非以懲罰市民為目的－學生侮辱國歌交校方處理

#「梁振英：擱置國民教育不撤科」，《大公報》，http://news.takungpao.com.hk/people/celeb/2012-10/1199931.html

#「日本新教育基本法生效 重回戰前"道德教育"」，《星島環球網》，https://www.chsi.com.cn/chuguo/gwjy/lxsc/200612/20061225/731322.html

#「英國公民教育實施情況堪優」，《BBC NEWS 中文》，https://www.bbc.com/zhongwen/trad/uk/2010/01/100125_edu_britishness

#「陳惜姿：世界各國也有國民教育課程——真的嗎？」，http://hktext.blogspot.com/2012/08/blog-post_5310.html

附註

「台灣通識課為什麼變這麼廢？這些「誇張現象」竟是常態」，《ETtoday 生活》，https://www.ettoday.net/news/20170105/842952.htm

「通識存漏洞 教材渲毒素」，《文匯報》，http://paper.wenweipo.com/2019/08/21/HS1908210005.htm

「中學通識卷問七警集會如何違法　陳祖光批失實後校方道歉」，《香港 01》，https://www.hk01.com/ 社會新聞 / 93796/ 中學通識卷問七警集會如何違法 – 陳祖光批失實後校方道歉

「中學工作紙指「警黑勾結」教局跟進 校方：設題偏頗教師悔疚致歉」，《明報》，https://news.mingpao.com/pns/港聞 /article/20190926/s00002/1569436372554/ 中學工作紙指「警黑勾結」– 教局跟進 – 校方 – 設題偏頗 – 教師悔疚致歉

施政報告 2004–2005，https://www.policyaddress.gov.hk/pa04/chi/index.htm

香港考試及評核局 http://www.hkeaa.edu.hk/tc/hkdse/hkdse_subj.html?A1&1&3_25

政府總部禮賓處，https://www.protocol.gov.hk/chi/flags/index.html

台灣事實查核中心，https://tfc-taiwan.org.tw/

#「董建華：任內推通識教育　造成現時年輕人問題」，《明報》，https://news.mingpao.com/ins/ 港聞 article/ 20190703/s00001/1562152672674/【逃犯條例 – 衝擊立法會】董建華 – 任內推通識教育 – 造成現時年輕人問題

曾榮光著 (2011)，《香港特區教育政策分析》，香港：三聯書店（香港）有限公司

#《2019 年逃犯及刑事事宜相互法律協助法例（修訂）條例草案》，https://www.legco.gov.hk/yr18-19/chinese/bills/b201903291.pdf

港鐵正式升格為黨鐵！全民罷搭贈慶！ 2019 年 8 月 24 日 最新文章綜覽 / 社會運動 何夢，https://www.vjmedia.com.hk/articles/2019/08/24/198379

怎麼辨識記者身份？有官方簽發的記者證嗎？諾文 2019-07-19，https://www.litenews.hk/%e3%80%90%e9%80%b1%e6%9c%ab%e8%a9%b1%e9%a1%8c%e3%80%91%e6%80%8o%c0%ba%bc%e8%be%a8%e8%ad%98%e8%a8%98%e8%80%85%e8%ba%ab%e4%bb%bd%ef%bc%9f%e6%9c%89%e5%ae%98%e6%96%b9%e7%b0%bd%e7%99%bc%e7%9a%84%e8%a8%98/

撕裂香港 再出發

增訂版

Hong Kong
Torn Apart

Relaunch

作　　者：施芷珊

編　　輯：賈文鑄
封面美術：輝
內文設計：輝 / 阿棉

出　　版：悅文堂
地　　址：香港 柴灣 康民街 2 號 康民工業中心 144 室
電　　話：(852) 3105-0332
電　　郵：joyfulwordspub@gmail.com

發　　行：香港聯合書刊物流有限公司
地　　址：香港新界荃灣德士古道 220—248 號
　　　　　荃灣工業中心 16 樓
電　　話：(852) 2150-2100
網　　址：http://www.suplogistics.com.hk

圖書分類：社會科學 / 人文史地
初版日期：2020 年 11 月
ＩＳＢＮ：978-988-74364-3-0
定　　價：港幣 88 元 / 新台幣 390 元

出版社已經盡力追索照片來源，但仍有部分照片出
處未能查明。如這些照片的版權被侵犯　，本出版社
謹此致歉，並歡迎有關人士提供照片來源的資料。

如有缺頁或破損請致電 (852) 3105-0332 歐陽小姐